¡Claro!

Symbols and headings you will find in the book: what do they mean?

Escuchar — A listening activity

Leer — A reading activity

Hablar — A speaking activity

Escribir — A writing activity

¡Arriba, arriba! — Go further boxes to improve your answers

Gramática — Grammar explanation

Estrategia — Language and skills strategies

Patrones y reglas — Language patterns

¡Cultura! — Hispanic cultural information

¡Atención! — Tips on avoiding mistakes

Traducir — A translation activity

¡Zona cultura!
Learn more about Hispanic culture

Labo-lengua
Grammar and pronunciation

El podio de los campeones
Reinforcement and extension activities

¡Demuestra lo que sabes!
Test yourself

Mi lista de logros
Check your progress

Vocabulario
Unit vocabulary list

Gramática
Grammar reference

Glosario
Glossary

kerboodle

Further resources available on ¡Claro! 1 Kerboodle
- An audio file
- A video clip
- A grammar presentation

José Antonio García Sánchez   Tony Weston

Tabla de contenidos

Pages 1–8
El mundo hispanohablante ... 4
Las instrucciones ... 6
Palabras importantes ... 7

Unit 1 Me presento Pages 8–29

1.1 El español global
- Getting to know the Spanish-speaking countries of the world
- Understanding word order

1.2 ¿Qué tal?
- Greeting people and introducing yourself
- Understanding verb endings

1.3 Mi carnet de identidad
- Learning numbers 1–31
- Introducing the verb *tener*

1.4 ¡… y que cumplas muchos más!
- Saying and understanding dates
- Using a variety of question words

1.5 Mis preferencias
- Learning colours
- Giving basic opinions

1.6 ¡Tod@s a clase!
- Learning classroom items and language
- Understanding masculine, feminine and plural nouns

1.7 ¡Zona cultura! La hispanidad
- The Spanish-speaking world

1.8 Labo-lengua
- Grammar and pronunciation

1.9 El podio de los campeones
- Reading and writing activities

1.10 ¡Demuestra lo que sabes!

1.11 Mi lista de logros

1.12 Vocabulario

Unit 2 Mi burbuja Pages 30–51

2.1 ¡Contamos hasta cien!
- Counting up to 100 in Spanish
- Forming Spanish numbers 20–100

2.2 Te presento a mi familia
- Saying if you have any brothers or sisters
- Using possessive adjectives

2.3 Los animales y las mascotas
- Saying if you have any pets
- Using adjective endings

2.4 Espejito, espejito…
- Describing hair and eyes, as well as other facial features
- Using the verb *tener* in the present tense

2.5 Las descripciones físicas
- Describing what you and others look like
- Using the verb *ser* in the present tense

2.6 Mi carácter y relaciones
- Describing personality traits
- Using some important adverbs of frequency

2.7 ¡Zona cultura! La Navidad en España
- Christmas traditions in Spain

2.8 Labo-lengua
- Grammar and pronunciation

2.9 El podio de los campeones
- Reading and writing activities

2.10 ¡Demuestra lo que sabes!

2.11 Mi lista de logros

2.12 Vocabulario

Unit 3 Mis pasatiempos Pages 52–73

3.1 Mi tiempo libre
- Talking about hobbies
- Using the regular present tense

3.2 Soy muy deportista
- Talking about sports
- Learning the verbs *jugar* and *hacer*

3.3 Mis gustos deportivos
- Giving detailed opinions on sports
- Extending use of verbs like *gustar* with *porque*

3.4 ¡Brrr! ¡Hace frío!
- Discussing weather
- Using 'if' and 'when' constructions

3.5 ¡Somos fanátic@s de la música!
- Getting to know some famous Spanish-speaking musicians
- Using *que* to make longer sentences

3.6 Su foto tiene muchos 'me gusta'
- Comparing celebrity profiles on social media
- Using the comparatives *más* and *menos*

3.7 ¡Zona cultura! Los deportes estrella
- Sports and sports stars

3.8 Labo-lengua
- Grammar and pronunciation

3.9 El podio de los campeones
- Reading and writing activities

3.10 ¡Demuestra lo que sabes!

3.11 Mi lista de logros

3.12 Vocabulario

Unit 4   Mi casa   Pages 74–95

- **4.1 Donde vivo yo**
  - Talking about the area where you live
  - Using *es* and *está*
- **4.2 Mi casa es tu casa**
  - Describing types of house
  - Using the verb *vivir* in the present tense
- **4.3 ¡Pasa, pasa a mi casa!**
  - Describing rooms in the house
  - Using the definite article
- **4.4 Mi habitación es mi reino**
  - Describing your bedroom
  - Using prepositions of place with *estar*
- **4.5 Mi casa de ensueño**
  - Describing your dream home
  - Using some basic conditional expressions
- **4.6 Ayudo en casa**
  - Describing household tasks
  - Saying how many times you do things
- **4.7 ¡Zona cultura! Las Islas Canarias**
  - The Canary Islands
- **4.8 Labo-lengua**
  - Grammar and pronunciation
- **4.9 El podio de los campeones**
  - Reading and writing activities
- **4.10 ¡Demuestra lo que sabes!**
- **4.11 Mi lista de logros**
- **4.12 Vocabulario**

Unit 5   En mi ciudad   Pages 96–117

- **5.1 De paseo por mi ciudad**
  - Talking about places in town
  - Using *hay* with singular and plural nouns
- **5.2 Por eso voy allí**
  - Describing where you go in town
  - Using *ir* in the present tense
- **5.3 ¡Sigue todo recto!**
  - Giving and understanding directions
  - Using the imperative
- **5.4 Planes para el finde**
  - Discussing plans for the weekend
  - Forming the near future
- **5.5 ¿En la ciudad o en el campo?**
  - Comparing rural and urban environments
  - Using the comparatives *tan* and *tan… como*
- **5.6 Mi barrio con nostalgia**
  - Describing how areas have changed over time
  - Using some key expressions in the imperfect tense
- **5.7 ¡Zona cultura! Bilbao**
  - Getting to know Bilbao
- **5.8 Labo-lengua**
  - Grammar and pronunciation
- **5.9 El podio de los campeones**
  - Reading and writing activities
- **5.10 ¡Demuestra lo que sabes!**
- **5.11 Mi lista de logros**
- **5.12 Vocabulario**

Unit 6   Mi insti   Pages 118–139

- **6.1 Todo lo que estudio**
  - Talking about school subjects
  - Using the verb *estudiar*
- **6.2 ¡Uff! ¡Qué rollazo!**
  - Giving more detailed opinions about school subjects
  - Using exclamations with *¡qué…!*
- **6.3 Mi horario escolar**
  - Describing a timetable in a Spanish school
  - Telling the time
- **6.4 Lo que hay en mi insti**
  - Describing your school environment
  - Using *se puede* and *se debe*
- **6.5 Y después de las clases…**
  - Talking about extracurricular activities
  - Using *antes de* and *después de*
- **6.6 Mis planes**
  - Discussing future plans
  - Using future expressions
- **6.7 ¡Zona cultura! Unas clases en el instituto español**
  - Studying history, literature and geography
- **6.8 Labo-lengua**
  - Grammar and pronunciation
- **6.9 El podio de los campeones**
  - Reading and writing activities
- **6.10 ¡Demuestra lo que sabes!**
- **6.11 Mi lista de logros**
- **6.12 Vocabulario**

Pages 140–159

Gramática 140–145   **Glosario** 146–159

El mundo hispanohablante

FRANCIA

Santiago de Compostela

Bilbao

Segovia

Zaragoza

Barcelona

PORTUGAL

Salamanca

Madrid

Valencia

Palma

ISLAS BALEARES

Mérida

Sevilla

Granada

Murcia

ISLAS CANARIAS

Map of Latin America

ESTADOS UNIDOS
MÉXICO
CUBA
HONDURAS
REPÚBLICA DOMINICANA
GUATEMALA
NICARAGUA
EL SALVADOR
PANAMÁ
COSTA RICA
VENEZUELA
COLOMBIA
ECUADOR
ISLAS GALÁPAGOS
PERÚ
BRASIL
ISLA DE PASCUA
BOLIVIA
CHILE
PARAGUAY
ARGENTINA
URUGUAY

N, W, E, S

Do you know any other countries where Spanish is spoken?

How many Latin American capitals do you know?

cinco 5

Las instrucciones

Adivina . . . . *Guess*	Describe . . . . *Describe*	Lee . . . . *Read*
Apunta . . . . *Note down*	Diseña . . . . *Draw/design*	Menciona . . . . *Mention*
Busca . . . . *Find*	Empareja . . . . *Match*	Mira . . . . *Look at*
Cambia . . . . *Change*	Encuentra . . . . *Find*	Pon . . . . *Put*
Completa . . . . *Complete*	Escribe . . . . *Write*	Practica . . . . *Practise*
Contesta . . . . *Answer*	Escucha . . . . *Listen*	Pregunta (a) . . . . *Ask*
Copia . . . . *Copy*	Habla . . . . *Talk*	Prepara . . . . *Prepare*
Da . . . . *Give*	Haz . . . . *Do/make*	Selecciona . . . . *Select*
Decide . . . . *Decide*	Incluye . . . . *Include*	Traduce . . . . *Translate*

Contesta las preguntas . . . . *Answer the questions*
Los tiempos verbales . . . . *Tenses*
¿Positivo/a o negativo/a? . . . . *Positive or negative?*
¿Verdadero/a, falso/a
o no mencionado/a? . . . . *True, false or not mentioned?*

Toma notas breves . . . . *Take brief notes*
¡Atención a… ! . . . . *Watch out for…!*
¡Cuidado! . . . . *Be careful!*
Presta atención a… . . . . *Pay attention to…*

Repite . . . . *Repeat*
Levanta la mano . . . . *Put your hand up*
Abre el cuaderno . . . . *Open your book*
Silencio . . . . *Silence*

el diálogo . . . . *dialogue*
la conversación . . . . *conversation*
la presentación . . . . *presentation*
el sondeo . . . . *survey*
la letra. *letter*
la palabra . . . . *word*
la palabra correcta . . . . . *correct word*
la palabra
apropiada . . . . *appropriate word*

la frase . . . . *sentence*
el párrafo . . . .*paragraph*
el recuadro . . . . *box*
el texto . . . . *text*

en negrita. . . . . *bold*
subrayado/a. . . . . *underlined*

¿Cómo se dice… en español?
How do you say… in Spanish?

Necesito…
I need…

No lo sé
I don't know

¿Qué página/número es?
What page/number is it?

¡He terminado!
I have finished!

¡No entiendo!
I don't understand!

¿Puedo ir al aseo?
Can I go to the toilet?

¿Qué quiere decir… en español?
What does… mean in Spanish?

¿Cómo se escribe?
How is it spelt?

¿Qué fecha es hoy?
What date is it today?

Palabras importantes

Numbers

cero	0	once	11	veintidós	22	sesenta y tres	63
uno	1	doce	12	veintitrés	23	setenta	70
dos	2	trece	13	veinticuatro	24	setenta y seis	76
tres	3	catorce	14	veinticinco	25	ochenta	80
cuatro	4	quince	15	veintiséis	26	ochenta y cuatro	84
cinco	5	dieciséis	16	treinta	30	noventa	90
seis	6	diecisiete	17	cuarenta	40	noventa y cinco	95
siete	7	dieciocho	18	cuarenta y uno	41	cien	100
ocho	8	diecinueve	19	cincuenta	50		
nueve	9	veinte	20	cincuenta y dos	52		
diez	10	veintiuno	21	sesenta	60		

Frequency words

siempre	always
a menudo	often
a veces	sometimes
nunca	never
raras veces	rarely

Sequencing words

antes	before
después	after
luego	then
más tarde	later on
finalmente	finally

Opinions

me encanta	I love
me gusta	I like
prefiero	I prefer
odio	I hate
detesto	I detest

Comparatives and superlatives

más... que...	more... than...
menos... que...	less... than...
tan... como...	as... as...
mejor	better/best
peor	worse/worst

Intensifiers and quantifiers

muy	very
bastante	quite
un poco	a bit
súper	really
demasiado	too

Conjunctions

y	and
pero	but
sin embargo	however
además	furthermore
porque	because

Days of the week

lunes	Monday
martes	Tuesday
miércoles	Wednesday
jueves	Thursday
viernes	Friday
sábado	Saturday
domingo	Sunday

Time

Es la una	It's one o'clock
Son las dos	It's two o'clock
y cuarto	quarter past
y media	half past
menos veinte	twenty to

Greetings

¡Hola!	Hello!
¡Adiós!	Goodbye!
¡Buenos días!	Good morning
¡Buenas tardes!	Good afternoon
¡Buenas noches!	Good night
¿Qué tal?	How's it going?
¡Gracias!	Thanks!
De nada	You're welcome

siete

1.1

El español global

Objectives
- Getting to know the Spanish-speaking countries of the world
- Understanding word order
- Immersing yourself in Spanish language and culture

Escuchar

1 Escucha y copia la capital correcta.

Ejemplo: La capital de Cuba se llama La Habana.

a   La capital de Argentina es _____.
b   La capital de Perú se llama _____.
c   La capital de Guinea Ecuatorial se llama _____.
d   La capital de España es _____.
e   La capital de Colombia se llama _____.
f   La capital de Chile es _____.

Madrid   Buenos Aires   La Habana
Santiago   Lima   Malabo   Bogotá

Leer

2 También se habla español en estas partes del mundo. Empareja (*match up*) el español con el inglés.

Ejemplo: 5 a

1 Las Islas Filipinas
2 Las Islas Baleares
3 Las Islas Canarias
4 La Isla de Pascua
5 República Dominicana
6 Estados Unidos

a Dominican Republic
b The Canary Islands
c The Philippines
d The United States
e Easter Island
f The Balearic Islands

¡Cultura!

Spanish is spoken by more than 550 million people in the world! The countries with the most Spanish speakers are Mexico, USA, Spain, Colombia, and Argentina.

Escuchar

3 Listen and complete the table (a–d) with the correct information in English.

	Person	City	Country
Example	Lionel Messi	Buenos Aires	Argentina
a	Alexia Putellas		
b	Arturo Vidal		
c	Natalia Gaitán		
d	Sergio Ramos		

Alexia Putellas   Arturo Vidal

Me presento

🗨 Hablar

4 Practica la conversación en español con un(a) compañero/a.

- ¿**De dónde es** Lionel Messi? — *Where is* Lionel Messi *from?*
- Lionel Messi **es** de Argentina. — Lionel Messi *is* from Argentina.
- ¿**Cuál es** la capital de Argentina? — *What is* the capital of Argentina?
- La capital **es** Buenos Aires. — The capital *is* Buenos Aires.

5 Ahora habla de estos famosos. Usa los diálogos anteriores (*previous*) y cambia la información subrayada (*underlined*).

a Shakira – Colombia – Bogotá
b Selena Gomez – México – Ciudad de México
c Luis Fonsi – Puerto Rico – San Juan

Patrones y reglas

When starting a question in Spanish, you must use an upside-down question mark (¿). Similarly, for exclamations, you must use an upside-down exclamation mark (¡). Note that they don't always need to be used at the very start of the sentence.

- Hola, ¿de dónde es Messi?
- Messi es de… ¡Argentina!

Estrategia

Immersing yourself in language and culture

Make Spanish language and Spanish and Latin American culture part of your lifestyle. Make sure you study well in lessons and speak some Spanish every day. You could follow famous people or organisations online, for example @spain on Twitter. If you don't live in a Spanish-speaking country, this is the next best thing!

⇅ Traducir

6 *¡México!* Read the sentences and translate them into English.

a Frida Kahlo es una pintora famosa.
b Chichén Itzá es un monumento histórico.
c Moctezuma es un emperador azteca importante.
d ¡Cancún en México es un destino turístico fantástico!

Gramática

Word order

Take a look at the word order in the sentences in activity 6. In Spanish, just like in many other European languages, adjectives generally come after the noun:

un futbolista fabuloso	a fabulous footballer
la música clásica	classical music

nueve 9

1.2 ¿Qué tal?

Objectives
- Greeting people and introducing yourself
- Understanding verb endings
- Speaking with a great accent

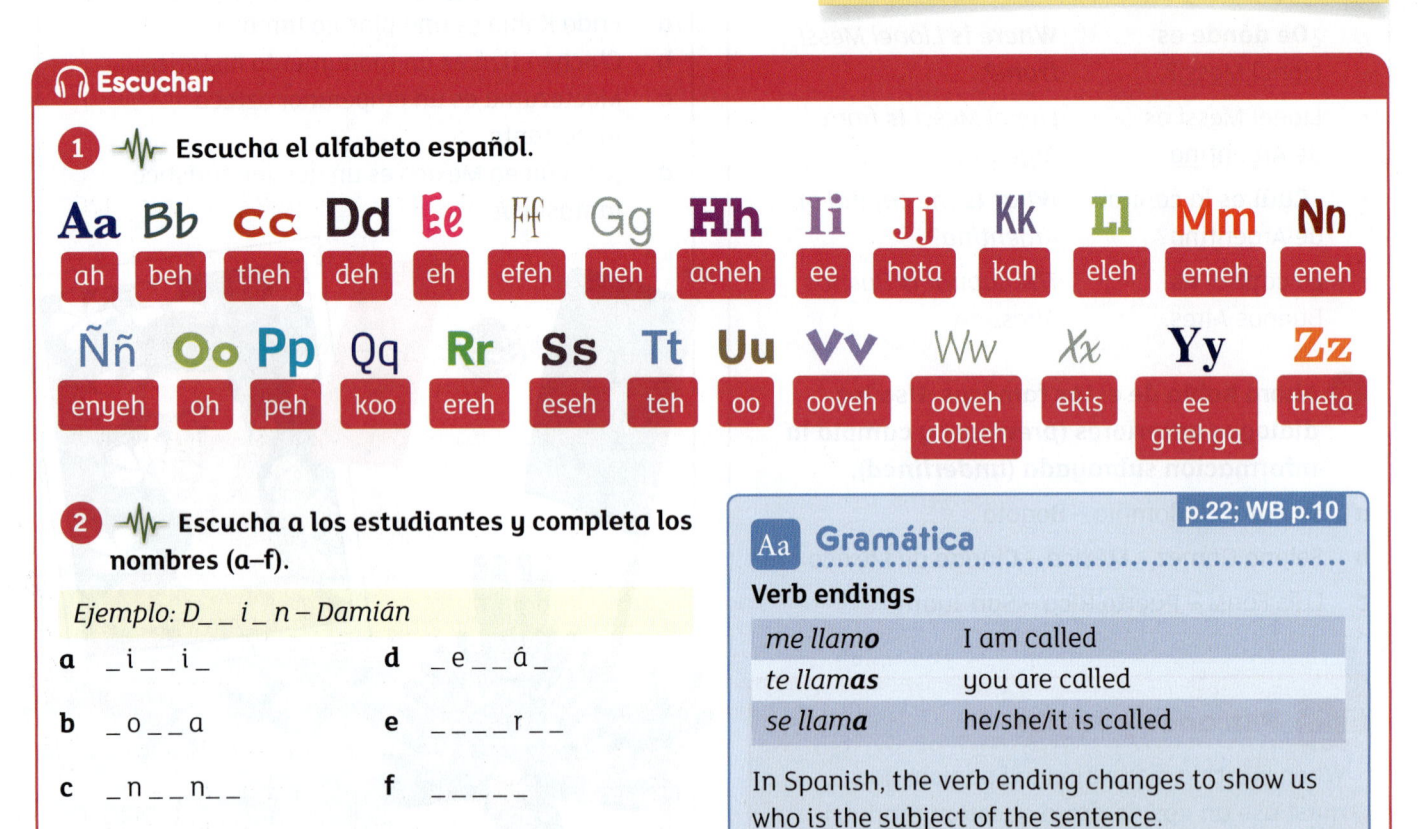

🎧 Escuchar

1 〰️ Escucha el alfabeto español.

Aa	Bb	Cc	Dd	Ee	Ff	Gg	Hh	Ii	Jj	Kk	Ll	Mm	Nn
ah	beh	theh	deh	eh	efeh	heh	acheh	ee	hota	kah	eleh	emeh	eneh

Ññ	Oo	Pp	Qq	Rr	Ss	Tt	Uu	Vv	Ww	Xx	Yy	Zz
enyeh	oh	peh	koo	ereh	eseh	teh	oo	ooveh	ooveh dobleh	ekis	ee griehga	theta

2 〰️ Escucha a los estudiantes y completa los nombres (a–f).

Ejemplo: D _ _ i _ n – Damián

a _ i _ _ i _
b _ o _ _ a
c _ n _ _ n _ _
d _ e _ _ á _
e _ _ _ _ r _ _
f _ _ _ _ _

Aa Gramática
p.22; WB p.10

Verb endings

me llam**o**	I am called
te llam**as**	you are called
se llam**a**	he/she/it is called

In Spanish, the verb ending changes to show us who is the subject of the sentence.

💬 Hablar

3 ¿Cómo pronuncias estos nombres españoles? Practica con tu compañero/a.

- David
- Javier
- Ángel
- Jorge
- Irene
- Alicia
- Paula
- Claudia

4 Practica el diálogo con tu compañero/a.

¿Cómo te llamas?   *What is your name?*
¿Cómo se escribe?   *How do you spell it?*

¿Cómo te llamas? → Me llamo…
¿Cómo se escribe? → Se escribe…

❗ ¡Atención!

In Spanish, the only double consonants usually found in words are 'cc', 'rr', 'll' and 'nn'. Remember the name CaRoLiNa to help you. If you find yourself writing a 'tt', 'ss', or 'ff' in a Spanish word, be careful – it's likely to be wrong!

ℹ️ ¡Cultura!

In Spain, some people celebrate their name day like a second birthday.

Search for 'Santopedia' online and check if your name appears!

Me presento

📖 Leer

5 Lee las conversaciones. Decide si cada reacción (a–d) es positiva (P) o negativa (N).

a
- ¡Hola! ¿Qué tal? 07:33 ✓✓
- Bien, ¿y tú? 07:34 ✓✓

b
- ¡Hola! ¿Cómo estás? 07:36 ✓✓
- Estoy fatal 😩, ¿y tú? 07:38 ✓✓

c
- ¡Hola! ¿Qué tal? 07:39 ✓✓
- Fenomenal, ¿y tú? 07:40 ✓✓

d
- ¡Hola! ¿Cómo estás? 😀 07:42 ✓✓
- Estoy mal, ¿y tú? 07:45 ✓✓

🎧 Escuchar

6 〰️ Escucha y completa los textos con las palabras correctas que faltan.

a
– ¡Hola! ¿Qué tal, Iris?
– _____, ¿y tú?

b
– ¡Buenos días! ¿Qué _____, Esteban?
– _____, gracias.

c
– ¡Buenas tardes! ¿Cómo estás, Karima?
– _____. ¿Y tú?

d
– ¡Hola Juan! ¿Qué tal?
– Yo, bien. Y _____, ¿cómo estás?
– Bien, _____.

Fenomenal Bien tal gracias tú Regular

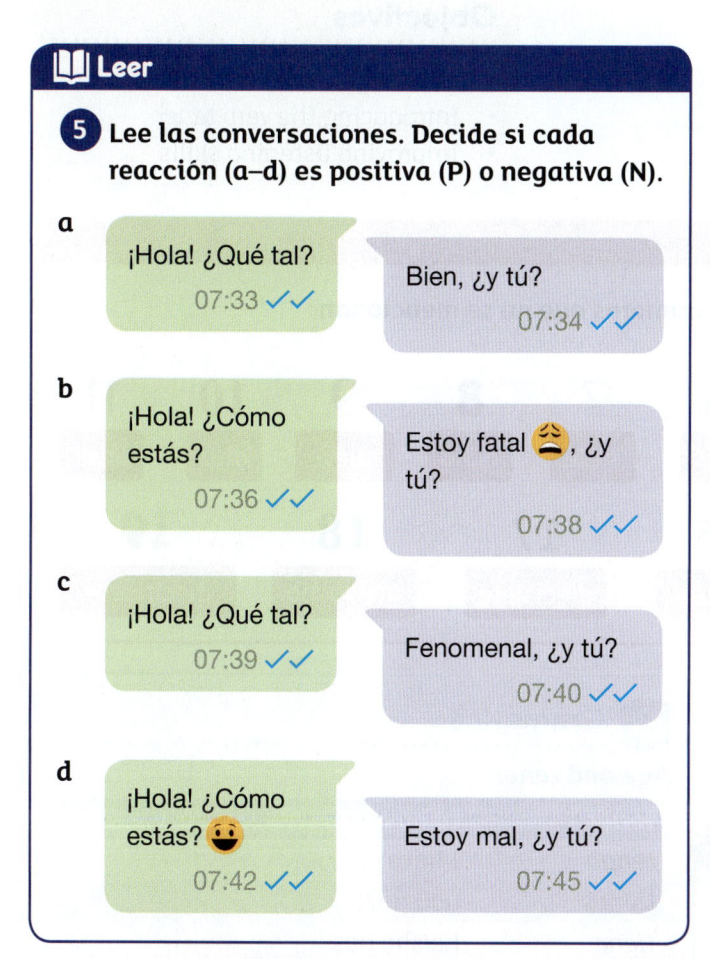

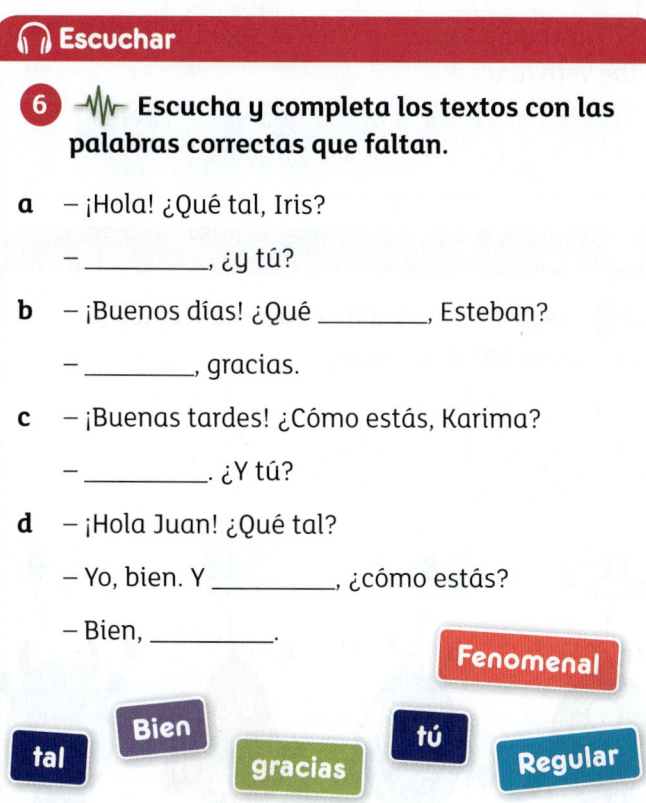

📖 Leer

7 Lee los diálogos y reescribe correctamente las palabras subrayadas (*underlined words*).

a
¡Hola Fernando! ¿Cómo esáts?
Muy bien, gracias. ¿Y tú, cómo te llamas?
Me molla Marina. ¡Hasta luego!

b
¡Buenas tardes! Yo me llamo Cristóbal. ¿Qué tal?
¡Fonalemen! Me llamo Rubén, de Santander, en España.
¡Fantástico! Yo, de Guadalajara, en Mixoéc. ¡Adiós!

c
¡Buenos días! ¿Cóom te llamas? Yo me llamo Gloria.
Me llamo Dulce. ¿Qué tal, Gloria?
Rulerga … ¿y tú?
Yo… bien, gracias. ¡Hatsa la vista!

⬆️ ¡Arriba, arriba!

Some new words and phrases appear in the conversations in activity 7. Can you guess what they mean? Make a list of them.

✏️ Escribir

8 Escribe tu propia *(own)* conversación similar a las de la actividad 7.

💬 Hablar

9 ¡Practica el diálogo con tu compañero/a!

⚙️ Estrategia

Speaking with a great accent

To speak Spanish really well, use lots of expression and intonation in your voice. Learn from memory the dialogue you have created in activity 8 and act it out with friends.

once 11

1.3 Mi carnet de identidad

Objectives
- Learning numbers 1–31
- Introducing the verb *tener*
- Improving listening skills

🎧 Escuchar

1 Escucha los números 1–19. Escribe los seis números que no se mencionan (*that are not mentioned*).

1	2	3	4	5	6	7	8	9	10	11
uno	dos	tres	cuatro	cinco	seis	siete	ocho	nueve	diez	once

12	13	14	15	16	17	18	19
doce	trece	catorce	quince	dieciséis	diecisiete	dieciocho	diecinueve

Aa Gramática

Age and *tener*

tener	to have
tengo	I have
tienes	you have
tiene	he/she has

When saying someone's age in Spanish, you use the verb *tener*.

Tengo once años   I am 11 years old. (Literally, I 'have' 11 years)

📖 Leer

2 Read Mamen's description of her friends and answer the questions.

¡Hola! Me llamo Mamen. ¡Tengo muchos amigos! Mi amiga Paula tiene diez años, Idoya tiene once años, José tiene catorce años y Luna tiene trece años. ¡Ah, sí! Paco también tiene once años.

Who…
- **a** is the oldest of Mamen's friends?
- **b** is the youngest?
- **c** are teenagers?
- **d** are the same age?

💬 Hablar

3 Pregunta la edad de estos monstruos a un(a) compañero/a.

Ejemplo: Monstruo a
- ¿Cuántos años tienes?
- Tengo doce años.

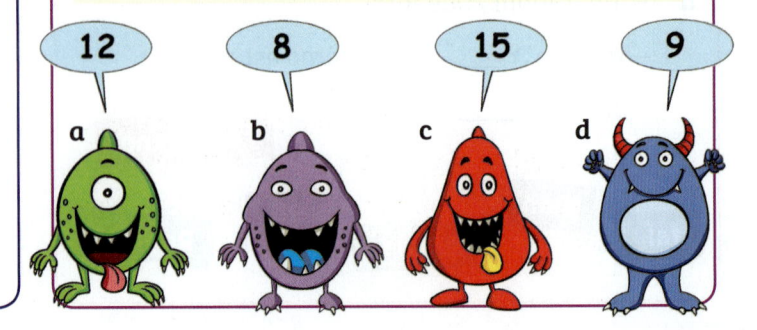

a 12   b 8   c 15   d 9

12 doce

Me presento

✏️ Escribir

4 Escribe en español los números que faltan (*are missing*) entre el 23 y el 31.

20	21	22	23
veinte	veintiuno	veintidós	veintitrés...

26	27	30	31
veintiséis	veintisiete...	treinta	treinta y uno

Patrones y reglas

In Spanish, **16**, **22**, **23** and **26** are the only numbers that have accents. **Veintiuno** and **treinta y uno** lose the final *–o* when followed by a noun. 21 also has an accent when it's abbreviated.

- *Rafa tiene veintiún años.*

¡Arriba, arriba!

Can you guess what numbers 32–39 are in Spanish? Explain the rule to the class.

🎧 Escuchar

5 Escucha y escribe la edad de cada persona (a–f). ¡Cuidado! (*Careful!*) La persona 'e' y la persona 'f' tienen información extra.

Ejemplo: 20

Estrategia

Improving listening skills

When listening out for key information like numbers:

- Don't panic! You will usually get to hear the information twice.
- Repeat over and over in your head the key detail you heard until you work out what it means.
- Ignore the information you don't need as it can distract you from finding the answer.

📖 Leer

6 Lee el carnet de identidad (*ID card*). ¿Cómo se dicen estas palabras o frases (a–e) en español?

ESPAÑA — DOCUMENTO NACIONAL DE IDENTIDAD

Leonor, Princesa de Asturias
Apellido: de Borbón
Nombre: Leonor
Lugar de nacimiento: Madrid
Edad: 12

a Princess
b First name
c Place of birth
d Surname
e Age

✏️ Escribir

7 Diseña dos carnets de identidad españoles (*Spanish ID cards*) traduciendo la información al español.

Name	Name
Pablo	Sara
Surname	**Surname**
Suárez	Pérez
Age	**Age**
24	18
Place of birth	**Place of birth**
Huelva	Oviedo

8 Ahora diseña tu propio carnet de identidad con tu información personal y una foto.

trece 13

1.4

¡... y que cumplas muchos más!

Objectives
- Saying and understanding dates
- Using a variety of question words
- Giving fluent responses

🎧 Escuchar

1 Escucha los meses del año en español. Los meses de abajo no están en orden. Trabaja con tu compañero/a para ponerlos en el orden correcto.

diciembre enero septiembre abril febrero julio marzo mayo agosto junio noviembre octubre

> **⚠ ¡Atención!**
>
> *¿Cuándo es tu cumpleaños?* When is your birthday?
>
> In Spanish, for dates it is always number first, then month.
>
> *Mi cumpleaños es el...*
> - **catorce** de marzo
> - **treinta** de enero
> - **primero** de octubre
>
> You can use *primero* or *uno* to say 'the first'.

📖 Leer

2 Empareja las fechas de cumpleaños.
Mi cumpleaños es el...

Ejemplo: 1b

1. veinticuatro de marzo
2. dieciocho de junio
3. treinta y uno de mayo
4. veintidós de enero
5. quince de febrero
6. primero de abril

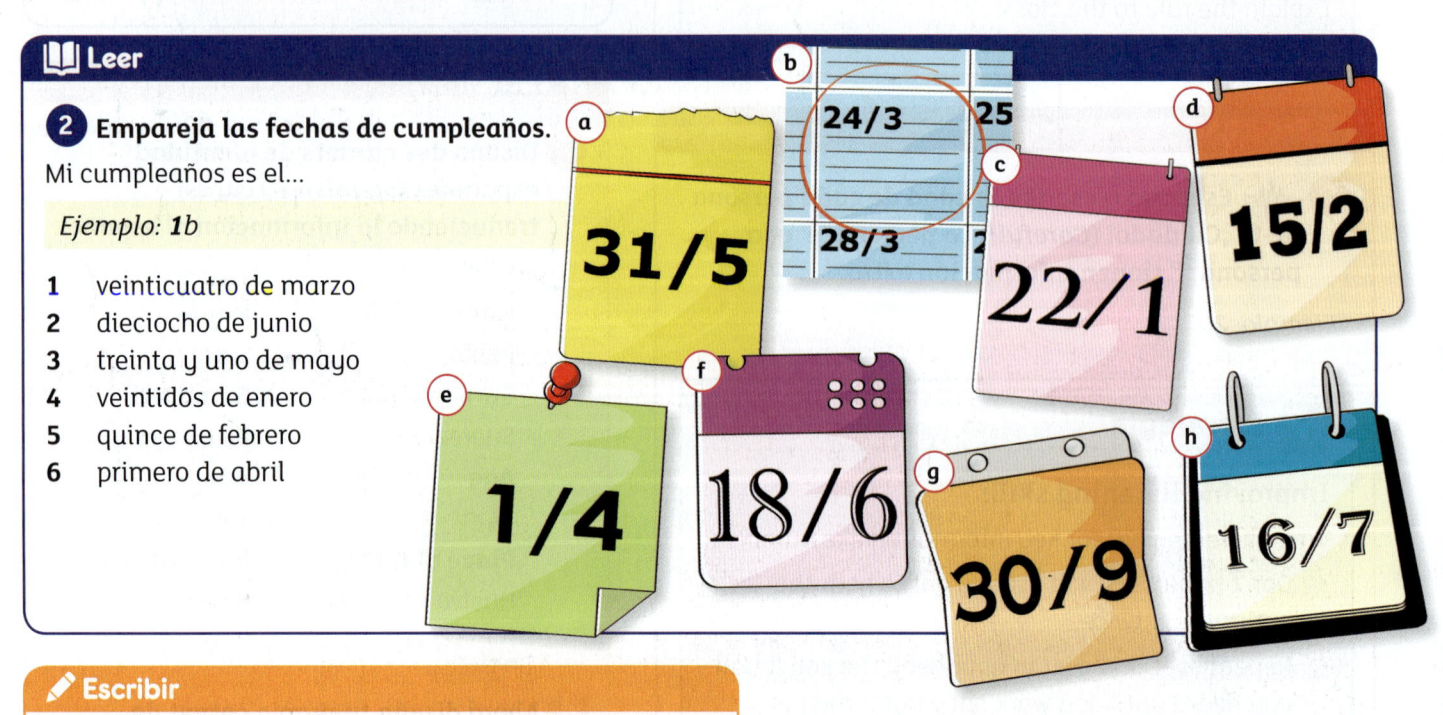

a. 31/5
b. 24/3
c. 22/1
d. 15/2
e. 1/4
f. 18/6
g. 30/9
h. 16/7

✏ Escribir

3 Hay dos fechas no usadas. Escríbelas en español.

Me presento

🎧 Escuchar

4 〰️ Listen and write in English the date of each of these special birthdays (a–e).

5 〰️ Escucha y repite los días de la semana en español. Están en orden.

lunes	jueves	sábado
martes	viernes	domingo
miércoles		

Traducir

6 Translate the dates into English or Spanish.

Example: Thursday, **(the)** 8th **(of)** September

jueves, **el** ocho **de** septiembre

a miércoles, el veinticuatro de abril
b viernes, el treinta y uno de enero
c Sunday, 29th June
d Tuesday, 7th October
e lunes, el primero de julio
f Saturday, 19th February

Patrones y reglas

Note that in Spanish, days of the week and months do not have capital letters. In fact, you will generally only need capital letters for people's names, place names, for the first word of a book or film title and at the start of a sentence.

📖 Leer

7 Empareja las preguntas con las respuestas correctas.

1 ¡Hola! ¿Qué tal?
2 ¿Cómo te llamas?
3 ¿Cómo se escribe?
4 ¿Cuántos años tienes?
5 ¿Cuándo es tu cumpleaños?

a Tengo doce años.
b Fenomenal, gracias.
c Mi cumpleaños es el diez de noviembre.
d Me llamo Julián.
e Se escribe J-U-L-I-Á-N.

Aa Gramática
p.22; WB p.11

Question words

¿*Qué?*, ¿*cuándo?*, ¿*cómo?* and ¿*cuánto(s)?* are common question words. What do you think they mean? Turn to page 22 to find out.

Asking lots of questions when you are speaking Spanish extends your conversations and helps you learn.

💬 Hablar

8 Copia la tabla en tu cuaderno y pregunta a tres compañeros/as de clase. Anota las respuestas.

	¿Qué tal?	¿Cómo te llamas? ¿Cómo se escribe?	¿Cuántos años tienes?	¿Cuándo es tu cumpleaños?
Ejemplo	regular	Lucas	trece	el cinco de junio

⚙️ Estrategia

Giving fluent responses

Try to speak as fluently as possible. This means using full sentences; avoiding pauses; not reading from your notes; and focusing on your accent. Record yourself speaking. How do you sound?

quince 15

1.5 Mis preferencias

Objectives
- Learning colours
- Giving basic opinions
- Extending sentences with conjunctions

🎧 Escuchar

1 Escucha los colores y presta atención a la pronunciación.

- rojo
- verde
- amarillo
- azul
- naranja
- blanco
- negro
- morado
- marrón
- rosa
- gris

2 Listen to some opinions about colours. For each person (a–c), draw an emoji and write a colour in English. Use the emojis provided in the grammar box.

Example:
- 😍 green
- 🙁 white
- 👍 orange

Aa Gramática p.23; WB p.12

Basic opinions

The following opinion expressions are very useful. You will use them a lot, so make sure you learn them!

me encanta	me gusta (mucho)	no me gusta (nada)
😍	😃	😐
I love	I like (a lot)	I don't like (at all)

odio	detesto	prefiero
🙁	😠	👍
I hate	I detest	I prefer

Extra: *mi color favorito es...* my favourite colour is...

Note that you can make any sentence negative in Spanish by placing the word *'no'* before the verb.

- *No odio*   I don't hate

💬 Hablar

3 Habla con tres compañeros/as de clase.
- ¿Cuál es tu color favorito?
- Mi color favorito es el blanco. ¿Cuál es tu color favorito?
- Me encanta el verde.

Haz un sondeo. ¿Cuál es el color más popular en tu clase?

❗ ¡Atención!

When giving opinions about colours, you must use *el* before the colour.
- *Me gusta **el** rojo.*
- *Mi color favorito es **el** verde.*

dieciséis

Me presento

📖 Leer

4 Lee los textos. Empareja los tres textos con su dibujo (*drawing*).

1 Soy **Marta**. Tengo trece años y mi cumpleaños es el veinticinco de octubre. Me gusta el arquitecto famoso Gaudí y mi monumento favorito es ¡el templo de la Sagrada Familia de Barcelona!

2 Me llamo **Eneko** y soy de Bilbao, en España. Mi cumpleaños es el diecinueve de febrero y tengo diecisiete años. ¡Me encanta el fútbol! El Athletic de Bilbao es mi club favorito. ¡Vamos, rojiblancos!

3 Soy **Iñaki**. Mi artista favorito es Pablo Picasso. Me encanta *Guernica*. Tiene tres colores importantes: negro, blanco y gris. ¡Me encanta el negro! Es mi color favorito. Sin embargo, detesto el rosa claro.

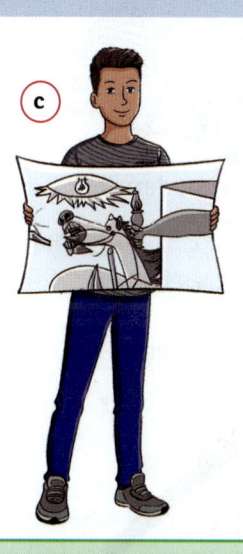

a [17]
b [13]
c

5 Reread the texts and answer the questions in English.

a When is Eneko's birthday?
b What are the three important colours of the painting *Guernica*?
c Who exactly was Gaudí?
d What colour does Iñaki dislike?
e What sort of monument is the Sagrada Familia?
f What colours do Athletic Bilbao play in?

⚙️ Estrategia

Extending sentences with conjunctions

Conjunctions are a great way to extend sentences and make your speaking and writing much more impressive. Learn the words below and use them in your work as much as possible.

y	and	también	also
o	or	sin embargo	however
pero	but	además	furthermore

✏️ Escribir

6 Escribe un párrafo con información personal. Usa los ejemplos de la actividad 4. Incluye:

- nombre
- edad
- cumpleaños
- tu color favorito
- una opinión.

💬 Hablar

7 Intenta memorizar tu respuesta para la actividad 6 y da una presentación a tu clase.

diecisiete 17

1.6

¡Tod@s a clase!

Objectives
- Learning classroom items and language
- Understanding masculine, feminine and plural nouns
- Using Spanish spontaneously

🎧 Escuchar

1 Escucha a los estudiantes (1–4). ¿Qué tienen en la clase? ¿Qué objeto no se menciona?

Ejemplo: c, b, h

- a) un cuaderno
- b) una goma
- c) un bolígrafo
- d) una regla
- e) un lápiz
- f) un libro
- g) un estuche
- h) una hoja de papel

💬 Hablar

2 Adivina (*guess*) en qué objeto piensa tu compañero/a. ¡Solo tienes tres intentos!

- ¿Tienes un bolígrafo?
- No, no tengo un bolígrafo.
- ¿Tienes una regla?
- No, no tengo una regla.
- ¿Tienes una goma?
- ¡Sí! ¡Tengo una goma!

Aa Gramática

p.23; WB p.13

Masculine, feminine and plural nouns

In Spanish, 'a' is either *un* (masculine) or *una* (feminine).

| **un** bolígrafo | **a** pen |
| **una** regla | **a** ruler |

For plural nouns, replace *un* or *una* with the number and add –s to the noun if it ends in a vowel, or –es if not.

| **dos** estuches | **two** pencil cases |
| **tres** libros | **three** books |

Note: *lápices*

⇅ Traducir

3 Traduce estas frases al español. ¡Atención a los plurales!

Ejemplo: **a** Tengo dos gomas y un libro.

- **a** I have two erasers and a textbook.
- **b** I have a pencil, also I have four pens.
- **c** I have two textbooks, but I have three exercise books.
- **d** Do you have an eraser? I have a pencil.
- **e** I don't like my pen, however, I don't have a pencil.
- **f** María has four rulers, furthermore she has a pencil case.

ℹ ¡Cultura!

Using @s to mark the plural masculine and feminine form of a word at the same time has become very popular lately in informal language and online. For example, instead of *amigos/as* you might see *amig@s*.

18 dieciocho

Me presento

Estrategia

Using Spanish spontaneously

Avoid speaking English as much as possible in class. For example, if you need a pen, ask your teacher in Spanish. It sounds impressive and helps improve your accent quickly.

There are lots of useful expressions, such as:

Necesito…	I need…
¿Cómo se dice… en español?	How do you say… in Spanish?
¡He terminado!	I have finished!
¡No entiendo!	I don't understand!

Escribir

4 Mira la foto y contesta las preguntas en español.

- ¿Qué hay en la foto?
- ¿Qué tienes en tu estuche?

hay — there is/is there

Hablar

5 Contesta las preguntas de la actividad 4 con tu compañero/a.

Leer

6 Completa el poema con las palabras correctas. Usa la versión inglesa para ayudarte.

En un trozo de papel (*extract*)
En un trozo de **1** _____
con un simple **2** _____
yo **3** _____ una escalerita,
tachonada de luceros.

Hermosas estrellas de **4** _____.
De plata no había ninguna.
Yo quería una **5** _____
para subir a la **6** _____.

Antonio García Teijeiro

Words: tracé, luna, oro, lapicero, escalera, papel

On a piece of paper (*extract*)
On a piece of paper
with a simple pencil
I drew a little ladder,
studded with stars.

Beautiful golden stars.
Ones of silver there were none.
I wanted a ladder
to climb up to the moon.

1.7

¡Zona cultura!
La hispanidad

📖 Leer

1 Read about Christopher Columbus and his journey to the Americas and answer the questions in English.

a Who was Christopher Columbus?
b Which two important people paid for his journey?
c How many trips did he make to the Americas?
d Where was he actually trying to go?

¿Quién es Cristóbal Colón?

Un explorador que con la ayuda económica de los Reyes Católicos de España, Isabel y Fernando, realizó cuatro viajes a América. Quería llegar a Asia, pero ¡descubrió un nuevo continente!

Columbus used ships called Carabelas. The ships' names were La Niña, La Pinta and La Santa María. Columbus arrived in America on the 12th October 1492.

🎧 Escuchar

2 Escucha la descripción de los cuatro viajes de Colón (*Columbus's four journeys*). Completa el texto con las palabras apropiadas (1–7).

Viaje número uno

Un viaje de **1** _cinco_ semanas.
Primer contacto con **2** _América_ en San Salvador.
El tres de **3** _enero_ volvió a España.

Viaje número dos

Colón llegó a Puerto Rico y Jamaica.
Vio la naturaleza **4** _tropical_ y los animales exóticos.

Viaje número tres

El **5** _treinta y uno_ de julio de 1498 Colón llegó a la isla de Trinidad.
Entró en contacto con las culturas aborígenes.
Volvió a **6** _España_ en el año 1500.

Viaje número cuatro

En el **7** _año_ 1502 Colón exploró Panamá.

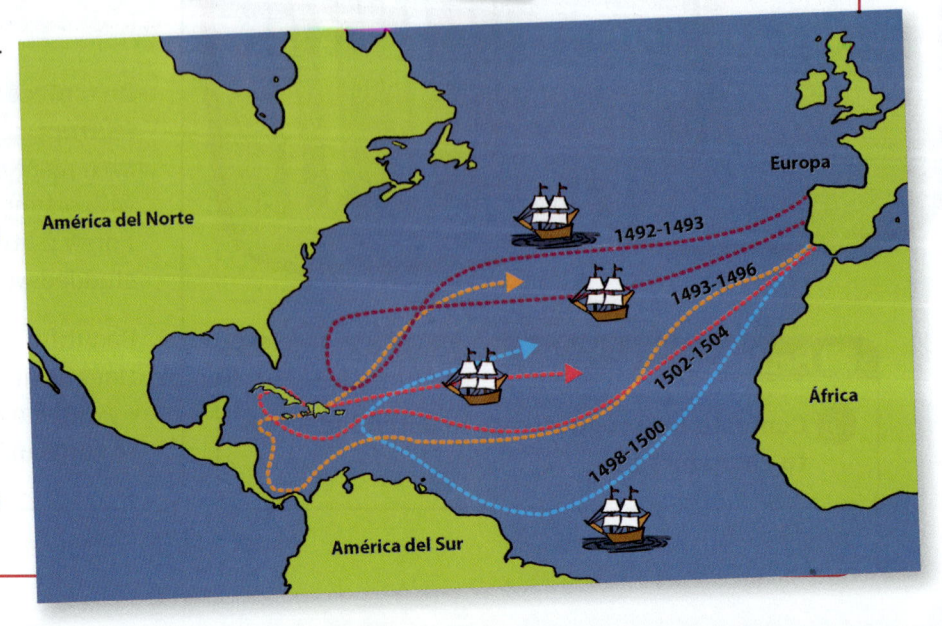

Palabras: cinco, América, enero, España, treinta y uno, año, tropical

20 veinte

¡Gracias, América! The discovery of the Americas brought lots of new foods to Europe!

📖 Leer

3 Empareja estas comidas (*foods*) nativas de América con los dibujos.

1. el tomate — f
2. la patata — e
3. el aguacate — a
4. el chocolate — d
5. la piña — c
6. el maíz — b

a, b, c, d, e, f

El Día de la Hispanidad

The 12th October is an important date in the Spanish-speaking world. In Spain there's a patriotic celebration called *La Fiesta Nacional*. In Latin America there are celebrations for the different cultures in Spanish-speaking countries. In the USA Columbus Day is a national holiday.

📖 Leer

4 Lee las descripciones de las diferentes formas de celebrar el 12 de octubre y contesta las preguntas (a–d).

> En Madrid hay un desfile militar y es un día de celebración nacional importante.
> **Elena, España**

> Hay carnavales y se llama 'Día de las Culturas' para celebrar la diversidad en América.
> **Pablo, Costa Rica**

> En el Día de Colón no hay colegio y en Nueva York hay un desfile fantástico.
> **Natán, Estados Unidos**

> En Venezuela no se celebra a Cristóbal Colón. La celebración es para las culturas nativas, sus religiones y resistencia.
> **Marta, Venezuela**

desfile parade

In which country...
a is Columbus not celebrated?
b is diversity celebrated?
c is school closed on Columbus Day?
d is the army involved?

✥ Traducir

5 Translate Elena, Pablo, Natán and Marta's sentences into English.

✏ Escribir

6 Escribe una mini presentación para leer en clase sobre el Día de la Hispanidad. Puedes usar la información en estas dos páginas.

Me presento

veintiuno 21

1.8

Labo-lengua

Gramática

Verb endings

In Spanish, the verb ending reveals who or what the subject of the sentence is. It is very important that you use the right ending!

llamarse	to be called
me llam**o**	I am called (my name is)
te llam**as**	you are called (your name is)
se llam**a**	he/she/it is called (his/her/its name is)

tener	to have
tengo	I have
tienes	you have
tiene	he/she/it has

1 Choose the correct word (a, b or c) to complete each sentence.

1 ¿Cómo te _____?
a llamo   b llamas   c llama

2 _____ llamo Penélope.
a Me   b Te   c Se

3 Mi amigo se _____ José.
a llamo   b llamas   c llama

4 ¿Cuántos años _____ tú?
a tengo   b tienes   c tiene

5 Yo _____ diez años.
a tengo   b tienes   c tiene

6 David _____ doce años.
a tengo   b tienes   c tiene

7 Personalmente en mi estuche _____ dos bolígrafos.
a tengo   b tienes   c tiene

Gramática

Question words

Some of the most common question words in Spanish are:

¿qué?	what?
¿cuándo?	when?
¿cómo?	how?
¿cuánto(s)?	how many?

Remember to use accents on these. Although it is important to know what they mean, they aren't always used as you would expect.

- ¿Cuántos años tienes?
  How old are you? (Literally: how many years do you have?)
- ¿Cómo te llamas?
  What is your name? (Literally: how do you call yourself?)

2 Write a question for each answer (a–f).

a Mi cumpleaños es el cinco de agosto.
b Tengo quince años.
c Fenomenal, gracias. ¿Y tú?
d Se escribe E-S-T-E-B-A-N.
e Me llamo Paula.
f En el estuche tengo una goma y una regla.

3 Unscramble and rewrite the sentences.

a ¿de Cuba la capital Cuál es?
b ¿se llama tu amiga Cómo?
c ¿es Luis Suárez De dónde?
d ¿se dice Cómo *green* en español?
e ¿el fútbol mucho Te gusta?
f ¿y una regla Tienes un bolígrafo?

Me presento

Gramática

Basic opinions

Opinion verbs in Spanish do not always follow the verb endings rule you have seen so far. For example, remember to use *me* at the start of opinion phrases like *me gusta* and *me encanta*. Learn more about this on pages 57 and 67.

me encanta	I love
me gusta (mucho)	I like (a lot)
no me gusta (nada)	I don't like (at all)
odio	I hate
detesto	I detest

4 Find and explain the error in the opinion in each sentence.

a   Me gusta nada el rojo.
b   Me detesto el blanco.
c   Me encanto el verde.
d   Me gusta mucho el azul. ¡Es horrible!

Pronunciación: j

The 'j' in Spanish is a very different sound to the English 'j', and can be quite difficult to say in conversation. It is similar, but slightly harsher, than the English 'h', with more of a scraping sound from the throat, as heard in the Scottish word 'loch'.

Jalisco   abe**j**a
Javier   vie**j**o
jueves

5 Try saying the following: 'En el jardín de Jimena juegan juntos Julia y José.'

Gramática

Masculine, feminine, and plural nouns

To say 'a' in Spanish, put **un** before the noun if it is masculine, or **una** before the noun if it is feminine. You can often work out if a noun is masculine or feminine by its ending. If it ends in –*o* it is likely to be masculine, if it ends in –*a* it is likely to be feminine.

| **un** *libro* | **a** book |
| **una** *goma* | **an** eraser |

Note that not all nouns in Spanish end in –*o* or –*a*.

| **un** *estuche* | a pencil case |
| **una** *capital* | a capital city |

For plural nouns, replace **un** or **una** with the number required and add –s to the noun if it ends in a vowel, or –*es* if it ends in a consonant.

tres *bolígrafo***s**	**three** pens
cuatro *cuaderno***s**	**four** exercise books
dos *lugar***es**	**two** places

6 Write a phrase in Spanish for each picture (a–d).

Example: un lápiz

a 
b 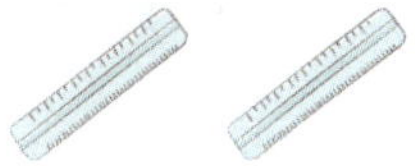
c 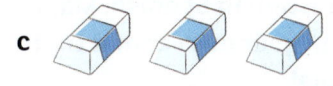
d

7 Translate the following phrases into Spanish.

a   six books   c   twelve months
b   four sheets of paper d   two capital cities

veintitrés 23

1.9 El podio de los campeones

Bronce

1 Read Marisol's email and answer the questions in English.

Mensaje
De: marisolgl@cotel.bo
Asunto: ¡Hola!

¡Hola! Me llamo Marisol y soy de Bolivia. ¿Qué tal? Yo, fenomenal. Tengo quince años y mi cumpleaños es el seis de mayo. Mi color favorito es el negro, pero no me gusta el rosa. ¿Cuál es tu color favorito? ¡Adiós!

---

a Where is Marisol from?
b How is she feeling today?
c How old is she?
d When is her birthday?
e What colour does she not like?
f What question does she ask at the end?

2 Translate the following sentences into English.

a Tengo diez años.
b Detesto el rojo.
c ¿Cuándo es tu cumpleaños?
d Me llamo Pedro y soy de México.
e Me encanta el fútbol.
f ¿Qué tal? Yo, ¡estoy fatal!

3 Answer each question in Spanish. Make sure you include a verb in your answer and try to be as accurate as possible!

a ¿Cómo te llamas?
b ¿Cuántos años tienes?
c ¿Cuándo es tu cumpleaños?
d ¿Cuál es tu color favorito?
e ¿Qué color no te gusta?
f ¿Qué tienes en tu estuche?

Plata

4 Lee este perfil (*profile*) de un futbolista famoso. Decide si las frases son verdaderas (V), falsas (F) o no mencionadas (NM).

Read this profile of a famous footballer. Decide whether each statement is true (T), false (F) or not mentioned (NM).

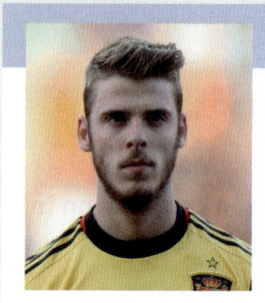

PERFIL

Se llama David de Gea. Nació en 1990 y es de Madrid, la capital de España. Además, tiene veintisiete años y su cumpleaños es el siete de noviembre. Su color favorito es el rojo, y también le gusta mucho el blanco. Me encanta David. En mi opinión, ¡es fenomenal!

a David is from the capital of Spain.
b He is 26 years old.
c His birthday is the 7th November.
d He doesn't like pink.
e He doesn't like the colour white much.
f The writer has a positive opinion of him.

5 Busca las palabras o expresiones españolas en el texto.

Find the Spanish words or expressions in the text.

a he is called
b he was born
c furthermore
d his birthday is
e he likes a lot
f in my opinion

6 Escribe un breve perfil de un(a) amigo/a o un(a) famoso/a. Usa el perfil de David de Gea para ayudarte (*to help you*).

Write a brief profile of a friend or a famous person. Use David de Gea's profile to help you.

24 veinticuatro

Me presento

✓ Oro

7 📖 **Lee la carta de Pepe. Contesta las preguntas en español.**

a ¿De dónde es Pepe?
b ¿Dónde tiene mucha familia?
c ¿Cómo se llama su amigo?
d ¿Cuántos años tiene Pepe?
e ¿Cuándo es el cumpleaños de Pepe?
f ¿A Pepe qué le gusta?
g ¿Cuántas reglas tiene Pepe?

> ¿Cómo estás? Yo estoy regular. Soy Pepe, de Sevilla, en España, pero tengo mucha familia en Colombia. Me encantan Colombia y su cultura. Además, tengo un amigo fabuloso que se llama Julio. Julio tiene catorce años, y yo también. Nacimos en 2004. El cumpleaños de Julio es el doce de enero, pero el mío es el seis de marzo. ¡Julio es mayor que yo! A mí me gusta el colegio, pero a Julio no mucho. ¿A ti te gusta el colegio? En mi estuche tengo tres lápices, dos bolígrafos, unas gomas y una regla. ¡Julio no tiene estuche! ¿Qué tienes en tu estuche?

8 ⇕ **Traduce el texto al inglés.**

9 ✏️ **Escribe una descripción personal y también una descripción de un(a) amigo/a. Escribe al menos 60 palabras. Menciona:**

- tu nombre, tu edad y tu cumpleaños ✓
- cómo estás ✓
- tu opinión sobre **dos** colores ✓
- lo que tienes en tu estuche ✓
- el nombre y la edad de tu amigo/a ✓
- de dónde es tu amigo/a ✓
- lo que tiene en su estuche ✓
- tres preguntas ✓
- información extra ✓

⬆ ¡Arriba, arriba!

There are usually lots of new words and expressions in gold texts. What do you think '¿A ti te gusta el colegio?' means? Take the following steps to find out:

- Look for words you already know that come just before and after it.
- Check if any of the words look like English words.
- Don't give up – take a guess!

¡Demuestra lo que sabes!

🎧 Escuchar

1 Escucha y selecciona la opción correcta (a, b o c).

1 Carmen tiene _____ años.
a 2 b 12 c 22
2 Su cumpleaños es el _____.
a 8 de octubre b 11 de octubre
c 18 de octubre

3 Rubén tiene _____ años.
a 14 b 15 c 16
4 Su cumpleaños es el _____.
a 17 de julio b 7 de junio
c 16 de julio

5 María tiene _____ años.
a 23 b 24 c 25
6 Su cumpleaños es el _____.
a 30 de marzo b 13 de mayo
c 3 de mayo

7 Julián tiene _____ años.
a 21 b 20 c 22
8 Su cumpleaños es el _____.
a 19 de febrero b 9 de enero
c 29 de enero

2 Listen to six students and complete the table. Write P if the opinion you hear is positive, N if it is negative, or P+N if you hear a positive and a negative opinion. Write the colour(s) mentioned in English (a–f).

	Opinion: P, N or P+N	Colour(s)
Example	P	black
a		

📖 Leer

3 Completa el texto seleccionando la palabra apropiada de la lista.

¡Hola! Me **1** _____ Carla y soy de Santiago, la **2** _____ de Chile. ¡Me encanta Chile! Yo estoy fenomenal. Tengo catorce **3** _____ y mi **4** _____ es el cinco de abril. Mi color **5** _____ es el azul claro. Me **6** _____ el morado también. En mi estuche tengo **7** _____ bolígrafos, una regla, una goma y **8** _____ lápiz.

a años e cumpleaños
b favorito f llamo
c un g dos
d capital h gusta

✏️ Escribir

4 Escribe una descripción personal para tu perfil de Internet y menciona:

- tu nombre
- tu edad y tu cumpleaños
- tu opinión sobre **dos** colores
- lo que tienes en tu estuche
- dos preguntas (*two questions*).

Write at least 40 words and try to add conjunctions, a greeting and a goodbye.

💬 Hablar

5 Con tu compañero/a, pregunta y contesta.

Ejemplo: 2/5
¿Cuándo es tu cumpleaños?
Mi cumpleaños es el dos de mayo.

a 10/2 d 9/8
b 25/7 e 22/12
c 4/11 f 15/4

26 veintiséis

1.11 Me presento

Mi lista de logros

I can...

1.1 El español global

- ☐ name at least five Spanish-speaking countries and their capitals
- ☐ identify ways to immerse myself in Spanish language and culture
- ☐ ask and answer where someone is from
- ☐ explain differences with Spanish word order

- Colombia – Bogotá, Argentina – Buenos Aires, Perú – Lima...
- make it part of my lifestyle, use social media...
- ¿de dónde es...? es de...
- noun then adjective

1.2 ¿Qué tal?

- ☐ greet people and introduce myself
- ☐ spell my name
- ☐ ask how you feel and say how I feel
- ☐ pronounce 'll' correctly

- ¡Hola! Me llamo...
- se escribe...
- ¿qué tal? Yo bien
- pollo, se llama...

1.3 Mi carnet de identidad

- ☐ say numbers 1–31
- ☐ say how old I am and how old others are
- ☐ use the verb *tener* in three persons
- ☐ understand a Spanish ID card

- uno, dos... treinta y uno
- tengo... años; tiene... años
- tengo, tienes, tiene
- nombre, edad, lugar de nacimiento...

1.4 ¡... y que cumplas muchos más!

- ☐ say all the days of the week
- ☐ say all the months and when my birthday is
- ☐ use at least three question words
- ☐ pronounce the letter 'j' well

- lunes, martes...
- mi cumpleaños es el...
- ¿cuándo? ¿qué? ¿cómo?
- **j**ueves, **j**unio...

1.5 Mis preferencias

- ☐ name colours in Spanish and say what my favourite is
- ☐ give a range of other basic opinions
- ☐ use conjunctions in speaking and writing
- ☐ write a short paragraph in Spanish

- mi color favorito es el...
- me encanta, me gusta, odio
- me gusta el rojo y el azul también
- me llamo... ; mi cumpleaños es el... ; me gusta...

1.6 ¡Tod@s a clase!

- ☐ name at least six classroom items
- ☐ say what is in a pencil case
- ☐ use lots of Spanish in class
- ☐ understand masculine, feminine and plural nouns

- un lápiz, un cuaderno...
- en mi estuche tengo...
- necesito...; no tengo...
- **un** bolígrafo, **una** goma, tres libro**s**...

veintisiete 27

Vocabulario

1.1 El español global
Global Spanish

¿De dónde eres?	Where are you from?
¿De dónde es?	Where is he/she from?

Argentina	Argentina
Chile	Chile
Colombia	Colombia
Cuba	Cuba
España	Spain
Estados Unidos	United States
Guinea Ecuatorial	Equatorial Guinea
la Isla de Pascua	Easter Island
las Islas Baleares	Balearic Islands
las Islas Canarias	Canary Islands
las Islas Filipinas	Philippines
Perú	Peru
República Dominicana	Dominican Republic

la capital	capital
el destino	destination
famoso/a	famous
hispanohablante	Spanish-speaking
histórico/a	historic
el mapa	map
el monumento	monument
el mundo	world
el país	country

1.2 ¿Qué tal?
How are you?

¿Cómo estás?	How are you?
¿Qué tal?	How are you?
bien	well
fantástico/a	fantastic
fatal	awful
fenomenal	great, excellent
mal	bad/badly
regular	so-so

¿Y tú?	And you?
¡Hola!	Hello!
Buenos días	Good morning/Good day
Buenas tardes	Good afternoon
¡Adiós!	Goodbye!
¡Hasta luego!/¡Hasta la vista!	See you later!

el alfabeto	alphabet
escribir	to write
llamarse	to be called

1.3 Mi carnet de identidad
My ID card

¿Cuántos años tienes?	How old are you?
uno	one
dos	two
tres	three
cuatro	four
cinco	five
seis	six
siete	seven
ocho	eight
nueve	nine
diez	ten
once	eleven
doce	twelve
trece	thirteen
catorce	fourteen
quince	fifteen
dieciséis	sixteen
diecisiete	seventeen
dieciocho	eighteen
diecinueve	nineteen
veinte	twenty
veintiuno	twenty-one
veintidós	twenty-two
veintitrés	twenty-three
veinticuatro	twenty-four
veinticinco	twenty-five
veintiséis	twenty-six
veintisiete	twenty-seven
veintiocho	twenty-eight
veintinueve	twenty-nine
treinta	thirty

Me presento

treinta y uno	thirty-one
el/la amigo/a	friend
el apellido	surname
el carnet de identidad	ID card
la edad	age
el lugar de nacimiento	birthplace
el nombre	name

1.4 ¡... y que cumplas muchos más!
And many happy returns!

lunes	Monday
martes	Tuesday
miércoles	Wednesday
jueves	Thursday
viernes	Friday
sábado	Saturday
domingo	Sunday
enero	January
febrero	February
marzo	March
abril	April
mayo	May
junio	June
julio	July
agosto	August
septiembre	September
octubre	October
noviembre	November
diciembre	December
¿Cuándo es tu cumpleaños?	When is your birthday?
el año	year
el cumpleaños	birthday
la fecha	date
el mes	month
el primero	the first
la semana	week
el uno	the first

You'll find more useful vocabulary on pages 6–7 and in the glossary at the back of this book.

1.5 Mis preferencias
My preferences

amarillo/a	yellow
azul	blue
blanco/a	white
claro/a	light
gris	grey
marrón	brown
morado/a	purple
naranja	orange
negro/a	black
oscuro/a	dark
rojo/a	red
rosa	pink
verde	green
detesto	I detest
me encanta	I love
me gusta (mucho)	I like (a lot)
mi color favorito es...	my favourite colour is...
no me gusta (nada)	I don't like (at all)
odio	I hate
prefiero	I prefer
además	furthermore
o	or
pero	but
sin embargo	however
también	also
y	and

1.6 ¡Tod@s a clase!
In the classroom

hay...	there is...
el bolígrafo	pen
el cuaderno	exercise book
el estuche	pencil case
la goma	eraser
la hoja de papel	sheet of paper
el lápiz	pencil
el libro	book/textbook
la regla	ruler
el sacapuntas	pencil sharpener
las tijeras	scissors

veintinueve 29

2.1

¡Contamos hasta cien!

Objectives
- Counting up to 100 in Spanish
- Forming Spanish numbers 20–100
- Learning Spanish numbers

Escuchar

1 Mira los números. Escucha y repite.

20	30	40	50	60
veinte	treinta	cuarenta	cincuenta	sesenta

70	80	90	100
setenta	ochenta	noventa	cien

> **Estrategia**
>
> **Learning Spanish numbers**
>
> The easiest way to learn numbers 1–100 in Spanish is to focus firstly on numbers 1–20, then 21–29, which have a slightly different spelling rule. Finally, learn 30, 40, 50, 60, 70, 80, 90, 100, remembering that all the numbers in between follow the same pattern, with *y* as a link word. So to know 1–100 in Spanish, you only really need to learn 37 numbers!

2 Escucha estos números (a–g) con interrupciones y escribe el número completo.

Ejemplo: **a** *cuarenta*

Escribir

3 Escribe en español estos números en letra.

Ejemplo: **a** *treinta y ocho*

a 38   **b** 57   **c** 99   **d** 47

4 Escribe las soluciones de estas operaciones matemáticas en español.

Ejemplo: **a** *cien*

a Setenta y cuatro + veintiséis =
b Quince + treinta y nueve =
c Ochenta y tres − cuarenta y uno =
d Noventa y ocho − sesenta y cinco =
e Setenta y siete − veintiuno + cuarenta y tres =

> **Gramática**
>
> **Forming Spanish numbers**
>
> Remember that **veinte** becomes **veinti-** to form numbers 21–29:
>
> 21 – *veintiuno*
> 22 – *veintidós*
> 29 – *veintinueve*
>
> For 30–99, use **y**:
>
> 36 – *treinta y seis*
> 49 – *cuarenta y nueve*
> 72 – *setenta y dos*
>
> Be careful with numbers 60 and 70; they are easily confused!
>
> se**s**enta   se**t**enta

Mi burbuja

📖 Leer

5 Empareja las frases (1–6) con las fotos (a–f).

Ejemplo: **1** e

1. Las torres de los evangelistas de la Sagrada Familia de Barcelona miden setenta y seis metros.
2. El acueducto romano de Segovia tiene ochenta y ocho arcos.
3. La Giralda de Sevilla mide noventa y ocho metros.
4. El patio central de la Alhambra de Granada tiene treinta y seis metros de largo.
5. Machu Picchu está a setenta y nueve kilómetros de la antigua capital Inca.
6. La muralla de Ávila ocupa treinta y tres hectáreas.

a – 36m
b – 88
c – 33ha
d – 79km
e – Sagrada Familia
f – 76m
(98m)

Patrones y reglas

There are a huge number of English–Spanish cognates and they are a great way of expanding your vocabulary. Look carefully at the photos and try to work out the meaning of the following cognates in English:

acueducto
patio
torres
metros
arcos
kilómetros

🎧 Escuchar

6 *La Voz México.* Escucha los números para votar al ganador (*winner*) del programa y completa la tabla (a–g).

	Nombre	Número
a	Mónica	86

7 Listen again and write down a quality of each person in English.

Example: **a** *fantastic*

8 Listen carefully and answer in English.

a What is the full telephone number to text your vote?
b What number do you need to call to go to the show in person?

💬 Hablar

9 Inventa un número de teléfono móvil español y escríbelo en tu cuaderno. Luego, con tu compañero/a, contesta a la pregunta:

¿Cuál es tu número de teléfono móvil?

Es el…

¡Cultura!

In Spanish, mobile phone numbers are nine digits long. The first three digits are said separately, then there are six more digits, said in groups of two. For example:

655 84 29 37 (*seis-cinco-cinco, ochenta y cuatro, veintinueve, treinta y siete*)

treinta y uno **31**

2.2 Te presento a mi familia

Objectives
- Saying if you have any brothers or sisters
- Using possessive adjectives
- Finding ways to remember new vocabulary

Leer

1 ¿Tienes hermanos? Empareja las frases (1–6) con las fotos (a–f).

Ejemplo: **1** f

1 Soy hijo único.
2 Tengo tres hermanos.
3 En total tengo tres hermanos: una hermana y dos hermanos.
4 Tengo dos hermanas. Son gemelas.
5 No tengo hermanos. Soy hija única.
6 No tengo un hermano, pero tengo una hermanastra.

Escuchar

2 Listen to each person and complete the table in English (a–e).

	Brothers or sisters?	Extra
a	One brother	He is called Pablo

¡Atención!

Be careful! A number of plural nouns in Spanish have two meanings. For example:

hermanos	brothers **or** siblings
tíos	uncles **or** aunt and uncle
abuelos	grandfathers **or** grandparents

Hablar

3 Haz un sondeo (*survey*). Pregunta a cinco personas si tienen hermanos. ¿Ofrecen (*do they offer*) información extra?

¿Tienes hermanos?

Sí, tengo una hermana. **Se llama** Laura. / **Tiene** cinco años.

¡Arriba, arriba!

If you have a younger or older brother or sister, use *menor* and *mayor*:

hermano **menor**	younger brother
hermana **mayor**	older sister

Mi burbuja

Escuchar

4 Escucha la descripción de la familia de Sofía. Completa el texto con las palabras correctas del recuadro.

> **¡Atención!**
> Before looking at the options, try to guess what might need to go in each gap.

Hola, me llamo Sofía y soy mexicana. ¡Mi familia es bastante grande! Mi abuelo se llama **1** *Vicente* y mi abuela se llama Paz. ¡Mis padres son fenomenales! Mi padre se llama Antonio y mi madre, **2** _____. Tienen treinta y nueve años. Mi padre tiene un **3** _____ y una hermana. Mi tío Alfonso tiene una familia con mi **4** _____ Pilar, y tienen dos hijos: mi **5** _____ Adrián y mi prima Elvira. Mi otra tía se llama Dulce; tiene cuarenta y seis años y está divorciada. Mi prima Lidia es hija **6** _____ . Yo tengo un hermano menor que se llama Rubén, ¡pero no tengo **7** _____! ¡Ah! Además, tengo un chihuahua. Me **8** _____ mi familia.

Carmen   única   Vicente   encanta   tía
hermano   primo   hermanas   único   prima

Leer

5 Read the text in activity 4 and decide if the sentences are true (T) or false (F).

Example: Sofía's family is small. F

a Antonio and Carmen are the same age.
b Sofía's dad has one brother and one sister.
c Dulce is married.
d Lidia has a brother called Rubén.

Traducir

6 Translate the last four sentences of the text in activity 4 into English (from *Mi prima…*).

Gramática

p.44; WB p.20

Possessive adjectives

In Spanish, the words for 'my', 'your' and 'his/her' differ according to whether the noun that follows is singular or plural.

	singular	plural
my	mi	mis
your	tu	tus
his/her	su	sus

my brother   mi hermano
my brothers   **mis** hermanos

Estrategia

Remembering vocabulary

Learning words and recalling your answers to questions from memory is a very important skill. Try some of the following ideas:

- Make mind maps or word families of new topic vocabulary.
- Test yourself regularly.
- Record yourself answering questions in Spanish and listen back to it.

Escribir

7 Usa la información del texto de la actividad 4 para escribir un párrafo de 50–70 palabras sobre tu familia.

Menciona:
- los nombres de tus padres y tus hermanos
- la edad (*age*) de al menos tres personas
- tu opinión sobre tu familia (me gusta mi…).

Hablar

8 Haz una presentación de tu familia a tu compañero/a. ¡Hazla de memoria y complétala en un minuto!

treinta y tres 33

2.3

Los animales y las mascotas

Objectives
- Saying if you have any pets
- Using adjective endings
- Developing independence as a learner of Spanish

Escuchar

1 🎵 Listen to the people (1–7) talking about pets and write down the correct letters (a–j).

¿Tienes animales?   Tengo…

Example: **1** f

- a) un gato
- b) un perro
- c) un caballo
- d) un ratón
- e) un pez
- f) un conejo
- g) una cobaya
- h) una serpiente
- i) una tortuga
- j) ¡No tengo animales!

Hablar

2 ¿Tienes animales? Pregunta a tu compañero/a.

Sí, tengo… / No tengo animales.
Yes, I have… / I do not have any pets.

⬆ ¡Arriba, arriba!

When speaking or writing, try to use verbs in the past or future tenses as much as possible. It sounds really impressive!

Tenía… — I used to have…
Me gustaría tener… — I would like to have…

Aa Gramática
p.44; WB p.21

Adjective endings

Adjectives can be masculine or feminine, singular or plural. If an adjective ends in **–o**, it changes to an **–a** to describe a feminine noun:

un perro negr**o**
una tortuga amarill**a**

If the adjective ends in **–e** or a consonant, it stays the same.

una serpiente verde
una cobaya marrón

If the adjective is describing a plural noun, it adds an **–s** if it ends in a vowel and **–es** if it ends in a consonant.

dos gatos blanco**s**
cinco ratones gris**es**

34 treinta y cuatro

Mi burbuja

✏️ Escribir

3 Describe el color de los animales de la actividad 1. Mira la lista de colores en la página 29.

*Ejemplo: **a** un gato negro*

4 Selecciona tres frases de la actividad 3 y escríbelas en plural.

*Ejemplo: **a** dos gatos negros*

📖 Leer

5 Read the information leaflet about Amazonian animals and complete the table in English.

Animales espectaculares de la Amazonia

el jaguar	un gato amarillo y negro, musculoso y rápido
la anaconda	una serpiente enorme, verde o amarilla
la piraña	un pez rojo y gris, agresivo, con mucho apetito
el delfín rosado	de color rosa, muy inteligente y tímido
el quetzal	un pájaro de colores, importante para los aztecas
el caimán	verde, grande y feroz, similar a un cocodrilo

un pájaro	a bird

una madre jaguar y dos hermanos

un quetzal

Animal	Details
jaguar	yellow and black cat, muscular, fast

⚙️ Estrategia

Independent learning

It is really important to use your Spanish as much as possible outside the classroom. Try the following:

- Make your own word lists and learn them.
- Speak some Spanish to your friends and family.
- Visit websites that help you practise the language – ask your teacher for these.
- Be interested in the culture: after doing this topic you could look for information about the Amazon rainforest.

ℹ️ ¡Cultura!

The Amazon rainforest covers over five million square kilometres of South America, including five Spanish-speaking countries. It has approximately 390 billion trees and one in every ten of all of the world's species lives here.

💬 Hablar

6 Mira la foto y contesta a las preguntas en español.
- ¿Qué ves (*do you see*) en la foto?
- ¿Tienes animales?
- ¿Cuál es tu animal favorito?

treinta y cinco 35

2.4 Espejito, espejito…

Objectives
- Describing hair and eyes, as well as other facial features
- Using the verb *tener* in the present tense
- Learning irregular verbs

Escuchar

1 Listen to the young people describing their eyes and hair. Complete the table in English with the correct information (a–e).

¿Cómo eres?   Tengo…

- los ojos verdes
- los ojos azules
- los ojos marrones
- los ojos negros

- el pelo rubio
- el pelo pelirrojo
- el pelo castaño
- el pelo negro

	Eye colour	Hair colour
a	green eyes	brown hair

Aa Gramática

p.45; WB p.22

Tener

The verb *tener* in the present tense is very important. It is irregular, so you should learn it by heart!

tengo	I have
tienes	you have
tiene	he/she/it has
tenemos	we have
tenéis	you have (pl)
tienen	they have

Use it for physical descriptions:

Mi hámster **tiene** los ojos rojos
¿**Tienes** el pelo corto?
Mis abuelos **tienen** el pelo blanco
Mi hermano y yo **tenemos** los ojos verdes

- el pelo corto
- el pelo largo
- el pelo rizado
- el pelo liso
- el pelo ondulado
- soy calvo/a

36 treinta y seis

Mi burbuja

✏️ Escribir

2 Reescribe estas frases en el orden correcto.

Ejemplo: **a** Tengo los ojos verdes y el pelo castaño y largo.

a castaño y largo Tengo los ojos y el pelo verdes
b corto y rizado Mi hermanastra el pelo tiene
c los ojos y el pelo liso Tenemos y castaño azules
d rubio o castaño? ¿Tienes el pelo
e tiene corto Mi madre el pelo pero mi padre el pelo ondulado tiene

⚙️ Estrategia

Learning irregular verbs

Here are a few ways in which to learn and practise using irregular verbs like *tener*:

- Recite them out loud.
- Find examples in reading texts and underline them.
- Write them out lots of times.
- Use them in your writing and speaking.

📖 Leer

4 Lee el texto y completa una ficha personal para cada miembro de la familia.

¡Hola!

Mi madre se llama **Lola** y tiene cuarenta y tres años. Tiene los ojos azules y gafas. Además, tiene el pelo corto y rizado. Su cumpleaños es el diecisiete de agosto. Mi padre se llama **Lucas** y tiene cuarenta y cinco años. Tiene los ojos marrones y es calvo, sin embargo, tiene una barba blanca muy larga. ¡Es como Papá Noel! Su color favorito es el amarillo.

Mi hermana se llama **Paula**. Tiene veinte años y tiene los ojos azules. Por la tarde, Paula va al Carnaval y por eso tiene el pelo naranja y muy rizado. ¡También tiene unas gafas muy, muy grandes y negras! ¡Muy cómico!

Felipe

barba	beard
gafas	glasses

Nombre:
Edad:
Ojos:
Pelo:
Información extra:

⇅ Traducir

5 Translate the text in activity 4 into English in class.

💬 Hablar

3 ¡Adivina (*guess*) quién es! Describe una foto a un(a) compañero/a para adivinar quién es.

Ejemplo: Tiene el pelo largo y liso. Tiene el pelo negro. ¡Es Camila Cabello!

Camila Cabello  | Luis Fonsi  | Romeo Santos  | Shakira  | Lupita Nyong'o

treinta y siete 37

2.5

Las descripciones físicas

Objectives
- Describing what you and others look like
- Using the verb *ser* in the present tense
- Extending your writing with more detail

📖 Leer

1 Empareja las descripciones (1–5) con los dibujos (a–e).

a b c d e

1. El caballero **Gastón** es muy guapo. Es joven y musculoso.
2. El rey **Jonás** es viejo. No es ni alto ni bajo: es mediano.
3. La princesa **Eloisa** es alta y delgada. También tiene el pelo rubio.
4. **Brutus** el trol es verde y no tiene pelo. Es muy gordo y feo.
5. El enano **Tontín** es bajo. Tiene barba y el pelo blanco.

> ⬆ **¡Arriba, arriba!**
> Take another look at sentence two. What do you think the negative *ni… ni* might mean?

2 Respond to the questions with the correct name.
Who…

a   has a beard?
b   is average height?
c   is handsome?
d   is ugly?
e   has blond hair?
f   is thin?
g   is bald?

🎧 Escuchar

3 〰 ¿Verdadero o falso? Escucha las descripciones de Gastón, Eloisa, Tontín, Jonás y Brutus, mira los dibujos otra vez y escribe V o F (a–f).

Ejemplo: a V

💬 Hablar

4 ¿Cómo eres? ¡Sácate un selfi! Describe en español a un(a) compañero/a de clase tus rasgos (*features*) físicos personales. Incluye ojos, pelo y cara.
- *Soy alto, delgado y tengo el pelo pelirrojo…*

5 ¿Cómo es? Escoge a un(a) compañero/a y descríbelo al resto de la clase. Adivina quién es… ¡rápido!
- *Es bajo, tiene gafas…*

38 treinta y ocho

Mi burbuja

🎧 Escuchar

6 〰️ **Escucha a Abdul y lee el texto. Hay seis diferencias. Haz una lista en español.**

Ejemplo: **1** *muy viejos – un poco viejos*

> **Abdul**
>
> Mis padres son muy viejos. Mi madre tiene cincuenta y ocho años y mi padre tiene cincuenta y seis años. En mi familia somos medianos, pero mi hermano menor es súper alto – ¡mide un metro y ochenta centímetros! ¡Madre mía! Personalmente, soy un poco gordo, también tengo pecas y gafas. No soy bajo, pero mi abuelo Hashim es súper bajo, con bigote gris.
>
> 07:33 ✓✓

muy	very
súper	really
un poco	a bit
pecas	freckles
bigote	moustache

Aa Gramática   p.45; WB p.23

Ser

It is vital that you know the verb *ser* in full. Like *tener* it is irregular.

soy	I am
eres	you are
es	he/she/it is
somos	we are
sois	you are (pl)
son	they are

Use it for physical descriptions:

Mi primo **es** delgado   ¿Cómo **eres**?
Yo **soy** alta   Mis hermanos **son** bajos

⇅ Traducir

7 **Traduce estas frases al español. Usa el texto de la actividad 6 para ayudarte.**

My brother is tall and very muscular. My parents are young. My sister and I are short, thin and good-looking.

✏️ Escribir

8 **Mira la foto de la familia real española. ¿Puedes describir a los cuatro miembros?**

- La reina Letizia
- La princesa Leonor y la infanta Sofía
- El rey Felipe

Ejemplo: *La reina Letizia es bastante delgada y tiene el pelo...*

La princesa Leonor y la infanta Sofía son muy jóvenes, también...

⚙️ Estrategia

Extended writing

As you build your knowledge of Spanish vocabulary and grammar, you should be able to write in lots more detail. To show off your skills, always try to include opinions, conjunctions, intensifiers and a range of different verb forms. Always read the example first to see how it's done.

treinta y nueve **39**

2.6

Mi carácter y relaciones

Objectives
- Describing personality traits
- Using some important adverbs of frequency
- Varying your vocabulary

🎧 Escuchar

1 ¿Cómo son estos estudiantes (1–7)? Escucha y completa la tabla con las letras de los rasgos que mencionan.

- a) simpático/simpática
- b) antipático/antipática
- c) aburrido/aburrida
- d) divertido/divertida
- e) torpe
- f) perezoso/perezosa
- g) tonto/tonta
- h) inteligente
- i) tímido/tímida
- j) alegre

Estudiante	Letras
1 Sofía	j, a

Patrones y reglas

Did you notice the cognates in the listening exercise? There are many personality features that are English–Spanish cognates. Look at these examples. How would you pronounce them in Spanish?

sincero	arrogante
activa	nerviosa
agresivo	estúpido
popular	honesta

📖 Leer

2 Lee las tres listas de adjetivos. En cada lista, encuentra el intruso (*the odd one out*).

a	agresivo	antipático	alegre
b	nervioso	divertido	tímido
c	tonto	sincero	honesto

Aa Gramática

Adverbs of frequency

You can improve the quality of your writing and speaking by using adverbs of frequency (words that explain how often something is done). Note that in Spanish many adverbs can go before or after the verb in a sentence.

siempre	always
a veces	sometimes
a menudo	often
raras veces	rarely
nunca	never

Siempre soy simpático.
Mi padre es torpe a veces.

Mi burbuja

📖 Leer

3 Read the descriptions of favourite celebrities and decide if the sentences (a–f) are true (T) or false (F).

Me llamo Berto. Mi famoso favorito es el barcelonés Gerard Piqué. Gerard siempre es generoso y muy alegre, pero a veces es tonto. Mi famosa favorita es Shakira. Shakira nunca es tímida y raras veces es antipática.

Soy Agustina. Mi famosa favorita es Pilar Rubio. Pilar aparece en la televisión española y siempre es honesta y popular. Nunca es aburrida. Mi famoso favorito es el futbolista Sergio Ramos. Sergio a veces es torpe, pero siempre es divertido y muy rápido.

a Gerard Piqué is Mexican.
b He is sometimes quite happy.
c Shakira is never nasty.
d Pilar Rubio is a popular TV personality.
e Sergio Ramos is always clumsy.
f He is very fast.

⬆ Traducir

4 Translate into English what Agustina says in activity 3.

❗ ¡Atención!

Be careful! In Spanish, the adjective generally comes after the noun, but if you don't change the word order when translating into English, it will sound very odd.

✏ Escribir

5 ¿Cómo eres de carácter? Escribe diez palabras sobre tu personalidad.

Soy/no soy...	muy	antipático/a
	un poco	divertido/a
	bastante	torpe
	súper	tonto/a

⬆ ¡Arriba, arriba!

To make your answers even more ambitious, use:

antes era...   before, I was...
pero ahora soy...   but now I am...

Antes era perezoso, pero ahora soy activo.

💬 Hablar

6 Prepara dos frases verdaderas y una frase falsa sobre tu personalidad. ¡Tu compañero/a debe adivinar cuál es la frase falsa!

⚙ Estrategia

Variety in your vocabulary

It is a good idea to build up a bank of frequently used words, such as adverbs and adjectives. Try to avoid using the same basic expressions and show off your language skills! Look at the language in activity 3 and see how many different adverbs and adjectives you can find.

2.7

¡Zona cultura!
La Navidad en España

📖 Leer

1 Lee las descripciones de algunas tradiciones navideñas en España (1–6). Emparéjalas con las fotos correctas (a–f).

Tradiciones

1 El 6 de enero es un día muy especial, cuando los tres Reyes Magos traen regalos a todos. Es una tradición cristiana muy antigua. **Los reyes se llaman** Melchor, Gaspar y Baltasar.

2 Es la última noche del año. Hay fiestas y celebraciones y **comemos doce uvas** a las doce de la noche para **decir ¡adiós!** a un año y ¡bienvenido! al año nuevo.

3 En una región del norte de España, el País Vasco, hay una tradición muy peculiar: **un señor viejo** que vive en las montañas da regalos a los niños el día 24 de diciembre por la noche.

4 La noche del día 24 de diciembre es muy importante en España. Las familias preparan una cena con **comida deliciosa**.

5 El 22 de diciembre todos los españoles escuchan la radio o **ven la televisión** para ver los números con premio. Es una tradición **muy antigua**, de 1812, y **es posible ganar** millones de euros.

6 Es un día familiar y tranquilo. Algunas personas también reciben regalos de **Papá Noel** ese día.

a La lotería de Navidad y el Gordo
b La Nochebuena
c El día de Navidad
d La Nochevieja
e El día de los Reyes Magos
f El Olentzero vasco

traen	they bring
regalos	gifts
cena	dinner

📖 Leer

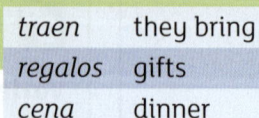

2 Lee otra vez y busca estas palabras o expresiones en negrita (*in bold*) en el texto.

- **a** they watch television
- **b** very old
- **c** it is possible to win
- **d** delicious food
- **e** Father Christmas
- **f** say 'Goodbye!'
- **g** the kings are called
- **h** an old man
- **i** we eat twelve grapes

cuarenta y dos

Mi burbuja

🎧 Escuchar

3 〰️ **Listen to these students describing their Christmas holidays and complete the sentences in English.**

musulmán / musulmana	Muslim
cabalgata	parade
judío/a	Jewish
árbol	tree

a Omar
Being Muslim, I don't _____ Christmas. At home we celebrate Eid. I love the holidays and being at home with my _____.

b Noella
Christmas holidays are my _____. The parade of the Three Kings on the _____ is very special.

c Yasmin
I am Jewish, but in my house we still have a _____. I like to _____ it with my Dad.

d Juan
I live in _____ and I love the *Tió de Nadal* tradition. I also have _____ who live in Australia. We send them lots of _____!

In Catalonia, many families also place a small log, known as a *Tió de Nadal*, by the fire, which they 'keep warm' with a blanket and give a little bit to 'eat' each day leading up to Christmas. On Christmas Day, the family gather around the *Tió* and sing a traditional song, while the children hit it with a stick so that it 'poos' out small gifts, such as sweets and chocolate!

Most children in Spain receive their presents from the Three Kings, and so write a letter to them describing who they are and what they would like for Christmas.

✏️ Escribir

4 **Escribe tu carta personal a los Reyes Magos en español. Usa estas frases para ayudarte.**

Queridos Reyes Magos...

- Me llamo... y tengo... años.

- Mi cumpleaños es el... de...

- Vivo con mi familia en...

- Este año he sido muy bueno/a. Soy... generoso/a /simpático/a / sincero/a/...

- Me gustaría... una bicicleta / un ordenador / ropa / un videojuego / un libro /...

cuarenta y tres 43

2.8 Labo-lengua

Gramática

Possessive adjectives: *mi, tu, su*

The words for 'my', 'your' and 'his/her' in Spanish remain the same whether they are describing a masculine or feminine noun, but they all add an 's' when describing a plural noun.

	singular	plural
my	mi	mis
your	tu	tus
his/her	su	sus

1 Complete the crossword in Spanish with the correct possessive adjectives and nouns for the words given. Use the grid for reference.

Note: write the possessive adjective and the noun together, don't leave blanks.

Example: 1 MIPRIMO

1. my cousin
2. my dogs
3. her horses
4. your grandparents
5. his grandmother
6. her brother
7. his friend
8. my cats
9. your aunt and uncle

Gramática

Adjective endings

Adjectives can be masculine or feminine, singular or plural. If an adjective ends in –*o*, it changes to an –*a* to describe a feminine noun:

- **un** perro negr**o**
- **una** tortuga amarill**a**

If the adjective ends in –*e* or a consonant, it generally stays the same, though there are exceptions.

- **una** serpiente verde
- **una** cobaya marrón

If the adjective is describing a plural noun, it adds an –*s* if it ends in a vowel and –*es* if it ends in a consonant.

- dos gatos blanco**s**
- cinco ratones gris**es**

2 Read the paragraph describing animals. Find the ten mistakes and write out the corrections.

Example: un perro grande y blanco

Me llamo Gustavo y tengo muchas mascotas. Tengo un perro grande y blanca y una tortuga amarillo. Mi tortuga no es agresivo, es pequeño y tranquilo. Además, tengo un caballo negra, dos cobayas gris, un pájaro tropical de muchos colores, una serpiente negro y azul y un conejo pequeña que se llama Pepito. Pepito no es feroz, pero es muy rápida.

Mi burbuja

Gramática

Tener in the present tense

The verb **tener (to have)** in the present tense is irregular.

tengo	I have
tienes	you have
tiene	he/she/it has
tenemos	we have
tenéis	you have (pl)
tienen	they have

It can be used for physical descriptions and much more besides.

- Mi hámster **tiene** los ojos rojos
- ¿**Tienes** el pelo corto?
- Mis abuelos **tienen** el pelo blanco
- Mi hermano y yo **tenemos** los ojos verdes
- **Tengo** dos amigos
- **Tenéis** tres hermanos

3 Unscramble and write out the forms of *tener*. Then, with a partner, translate each sentence into English.

Example: **a** tengo. I have blue eyes and blond hair.

a **ngteo** los ojos azules y el pelo rubio.
b **mostene** gafas rojas.
c ¿**tnesie** barba, abuelo?
d Mi hermana Julia **iente** el pelo largo y rizado.
e Los abuelos **etienn** el pelo blanco.
f **tisené** los ojos marrones y pecas.

Gramática

Ser in the present tense

The verb **ser (to be)** is highly irregular. It is used in many different ways, including for general descriptions of people.

soy	I am
eres	you are
es	he/she/it is
somos	we are
sois	you are (pl)
son	they are

- Mi primo **es** delgado
- ¿Cómo **eres**?
- Yo, **soy** alta
- Mis hermanos **son** muy tontos
- **Somos** simpáticos
- **Sois** un poco tímidos

4 Translate the following sentences into English or Spanish.

Example: **a** I am very tall, pretty and quite thin, but my brother is short.

a Soy muy alta, guapa y bastante delgada, pero mi hermano es bajo.
b We are quite intelligent and nice.
c Mis padres son viejos, pero yo soy muy joven.
d ¿Cómo eres, María?
   ¡Hola! Soy divertida y activa, ¿y tú?
e Sois gordos y altos y mi primo Eduardo es torpe también.
f We are quite active, but we are not aggressive.

Pronunciación: rr

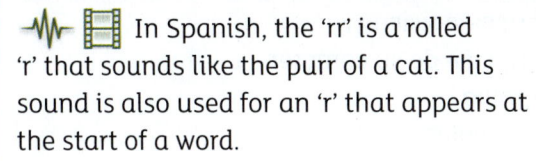

In Spanish, the 'rr' is a rolled 'r' that sounds like the purr of a cat. This sound is also used for an 'r' that appears at the start of a word.

un perro   un ratón

An 'r' anywhere else in a word sounds softer, and is formed by touching the roof of your mouth with your tongue.

negro   verde

5 Try saying the following: 'El perro de San Roque no tiene rabo.'

cuarenta y cinco **45**

2.9 El podio de los campeones

Bronce

1 **Read the two paragraphs and then decide who says each sentence (a–f): Salomé (S), Virginia (V) or both (S + V).**

Me llamo **Salomé** y voy a describir a mi familia. Mi padre se llama Alfonso y tiene cincuenta años. ¡Es simpático! Mi madre se llama Margarita y tiene cincuenta y tres años. No tengo hermanos, soy hija única, pero tengo un perro en casa: es pequeño y marrón. ¡Ah! Mi cumpleaños es el veintinueve de abril.

¿Qué tal? Soy **Virginia**. Tengo una familia muy grande, con cinco hermanos; dos hermanas y tres hermanos. Mi madre tiene cincuenta años y mi padre tiene cincuenta y dos años. Tengo tres tíos y dos tías. Mi tío Manuel es simpático y mi tía Carmen es divertida. Mi cumpleaños es el uno de agosto.

a   I have lots of brothers and sisters.
b   My parents are in their fifties.
c   My birthday is in the Spring.
d   My Dad is older than my Mum.
e   One of my family members is nice.
f   My aunt is fun.

2 **Read the text again. Find the Spanish in the text for the words below.**

a   a small dog
b   with
c   at home

3 **Write a paragraph about yourself in Spanish, which includes answers to the following questions.**

- ¿Cómo te llamas?
- ¿Cuándo es tu cumpleaños?
- ¿Tienes animales en casa?
- ¿Cómo es tu familia?

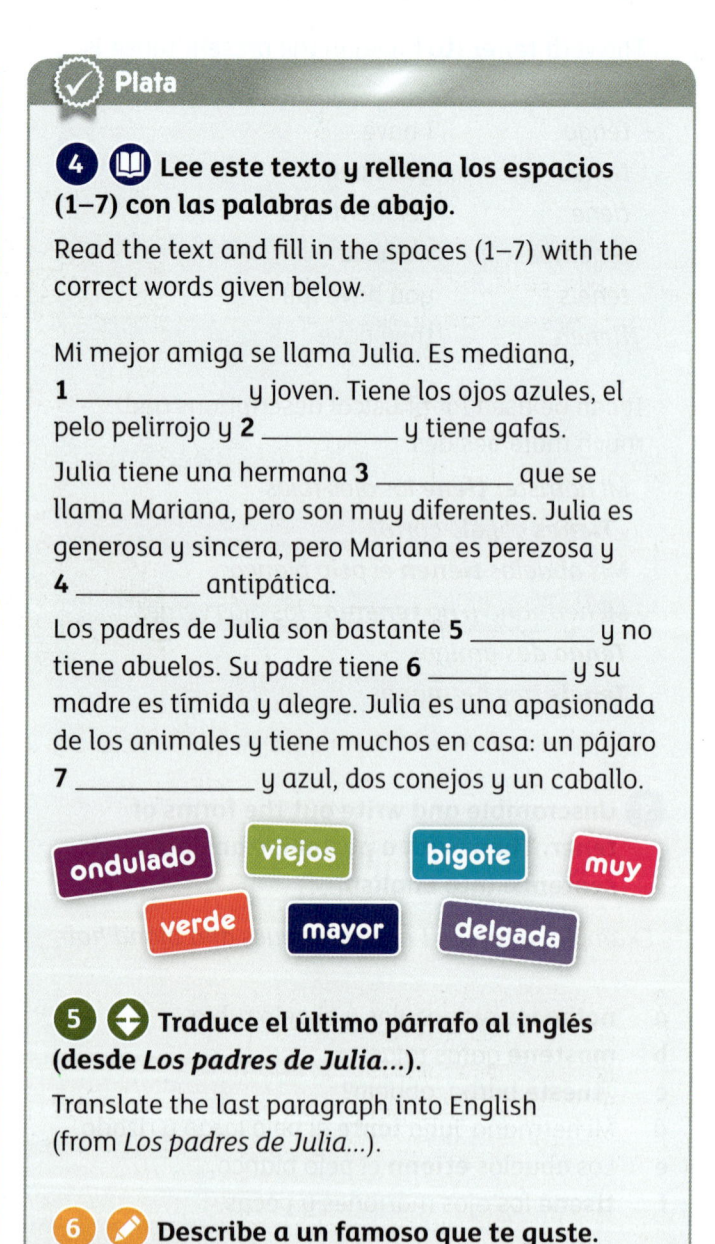

Plata

4 **Lee este texto y rellena los espacios (1–7) con las palabras de abajo.**

Read the text and fill in the spaces (1–7) with the correct words given below.

Mi mejor amiga se llama Julia. Es mediana, **1** _____ y joven. Tiene los ojos azules, el pelo pelirrojo y **2** _____ y tiene gafas.

Julia tiene una hermana **3** _____ que se llama Mariana, pero son muy diferentes. Julia es generosa y sincera, pero Mariana es perezosa y **4** _____ antipática.

Los padres de Julia son bastante **5** _____ y no tiene abuelos. Su padre tiene **6** _____ y su madre es tímida y alegre. Julia es una apasionada de los animales y tiene muchos en casa: un pájaro **7** _____ y azul, dos conejos y un caballo.

ondulado   viejos   bigote   muy
verde   mayor   delgada

5 **Traduce el último párrafo al inglés (desde *Los padres de Julia...*).**

Translate the last paragraph into English (from *Los padres de Julia...*).

6 **Describe a un famoso que te guste. Menciona esta información.**

Write a description of someone famous you like. Mention the following information.

- descripción física
- descripción de su carácter
- su familia
- sus animales
- una opinión positiva ('*Me encanta...*') y una opinión negativa ('*Sin embargo...*').

Mi burbuja

Oro

7 Lee el texto sobre Marcelo y responde las preguntas en español.

¡Buenos días! Me llamo Marcelo. Soy un chico normal con un carácter un poco complicado: ahora soy simpático y a veces soy generoso, pero antes era un poco arrogante con mis amigos. Tengo una hermana pequeña que se llama Laura. Laura y yo somos completamente diferentes: ¡ella es tonta y torpe!

Soy muy alto; mido un metro y setenta y ocho centímetros. Tengo trece años, el pelo negro y corto y los ojos azules como mi padre. En el futuro me gustaría tener un bigote similar al de mi tío Vicente. ¡Mi tío es mi ídolo! – es súper divertido y activo. También es calvo y bajo.

Mi pasión son los animales exóticos, aunque no es posible tener uno en casa. El tigre es mi animal preferido; es grande y feroz.

a   ¿Cómo era Marcelo de carácter en el pasado?
b   ¿Cómo es Laura? (**dos** detalles)
c   ¿De qué color son los ojos de Marcelo?
d   ¿Cómo es físicamente su tío Vicente? (**dos** detalles)
e   ¿Cuál es el animal favorito de Marcelo? ¿Por qué?

8 Escribe unas 80 palabras sobre ti.
Incluye toda la información personal que puedas:
- una descripción física
- una descripción de tu carácter
- una descripción de dos miembros de tu familia
- una descripción de un animal

¡Tienes que ser muy ambicioso! Usa la información de la actividad 7 para ayudarte.

⬆ ¡Arriba, arriba!

In order to write an outstanding paragraph, you need to be ambitious! Read the text in activity 7 again and find...

- four different conjunctions
- two verbs of opinion
- two adverbs of frequency
- two verbs in a tense other than the present
- two words you have never seen before.

Try to learn these and incorporate them into your own writing.

2.10

¡Demuestra lo que sabes!

Escuchar

1 Escucha los resultados de la lotería y haz una lista de los siete números. ¿Qué dos números extra se mencionan al final?

2 Listen to the description of José's family. Copy and complete the table in English (a–e).

Relative	Appearance
a	

Leer

3 Read the text and complete the sentences in English.

La familia de Norma

Mi amiga Norma es una chica alegre que vive con su madrastra. Norma es hija única y tiene los ojos verdes y el pelo corto. Las primas de Norma se llaman María, Esperanza y Catalina. Tienen los ojos negros y el pelo rubio, y también son súper divertidas. María es bastante alta y las otras dos son medianas.

Norma también tiene mascotas en casa: una tortuga pequeña y un pájaro azul que se llama Plumita. Plumita es un poco torpe.

a Norma is a _____ girl who lives with her _____.
b She has green eyes and _____ hair.
c Her cousins are all really _____.
d Her cousin María is _____ tall.
e Norma has a _____ tortoise.
f Her pet bird is a bit _____.

Hablar

4 Describe a uno de los personajes de la página 38 hasta que tu compañero/a lo adivine. Después, continúa con el resto de los personajes.

Describe one of the characters from activity 1 on page 38 to a partner who has to guess which one it is. Then continue with the rest of the characters.

Ejemplo: Es gordo y antipático. Tiene los ojos...

Escribir

5 ¿Cómo es tu familia? Escribe un párrafo y menciona:
- **dos** personas (*who are they?*)
- una descripción física (*what do they look like?*)
- su carácter (*what is their personality like?*).

⬆ ¡Arriba, arriba!

Don't forget to add some impressive language: adverbs, intensifiers, opinions, connective expressions.

2.11

Mi burbuja

Mi lista de logros

I can...

2.1 ¡Contamos hasta cien!

- ☐ count up to 100 from memory
- ☐ spell numbers 1–100 accurately
- ☐ recognise some units and terms of measurement

- *treinta, cuarenta, cincuenta...*
- *veintitrés, treinta y cinco, sesenta y ocho*
- *metros, kilómetros, de largo*

2.2 Te presento a mi familia

- ☐ say how many siblings I have
- ☐ name lots of different family members
- ☐ give the name and age of relatives
- ☐ use possessive adjectives 'my', 'your', 'his', 'her'
- ☐ name different ways to memorise topic words

- *tengo dos hermanos*
- *mi madre, mi padre, mi tío...*
- *mi primo se llama Paco, tiene doce años*
- *tu abuelo, su hermanastro*
- *mind maps, word families, study cards...*

2.3 Los animales y las mascotas

- ☐ say if I have any pets
- ☐ say what pets I used to have and would like to have
- ☐ understand masculine, feminine and plural adjectival agreements
- ☐ describe pets with names, ages, colour and size

- *tengo un gato, dos perros...*
- *tenía un ratón, me gustaría tener un caballo*
- *una cobaya blanca, tres gatos negros*
- *se llama... tiene... es...*

2.4 Espejito, espejito...

- ☐ describe eye colour, hair colour and hairstyle
- ☐ describe some facial features
- ☐ recite the verb *tener* in full in the present tense

- *tengo los ojos azules, el pelo negro y corto*
- *tiene gafas, pecas, barba, bigote*
- *tengo, tienes, tiene...*

2.5 Las descripciones físicas

- ☐ name some adjectives to describe physique
- ☐ make physical descriptions of myself and others
- ☐ recite the verb *ser* in full in the present tense
- ☐ use some intensifiers to extend my descriptions

- *gordo, delgado, alto, bajo...*
- *mi madre es guapa*
- *soy, eres, es...*
- *muy, bastante, un poco...*

2.6 Mi carácter y relaciones

- ☐ name several adjectives to describe personality
- ☐ describe my own personality and that of others
- ☐ build vocabulary quickly using cognates
- ☐ use a number of key adverbs of frequency
- ☐ say what I was like in the past compared to now

- *simpático, antipático, torpe...*
- *soy... mi padre es...*
- *agresivo, activo, popular, honesto*
- *siempre, nunca, a veces...*
- *antes era..., ahora soy...*

cuarenta y nueve | 49

Vocabulario

2.1 ¡Contamos hasta cien!
Count to a hundred!

treinta y dos	32
treinta y tres	33
treinta y cuatro	34
treinta y cinco	35
treinta y seis	36
treinta y siete	37
treinta y ocho	38
treinta y nueve	39
cuarenta	40
cuarenta y uno	41
cincuenta	50
cincuenta y dos	52
sesenta	60
sesenta y tres	63
setenta	70
setenta y seis	76
ochenta	80
ochenta y cuatro	84
noventa	90
noventa y cinco	95
cien	100

el centímetro	centimetre
el kilómetro	kilometre
el largo	length
medir (mido)	to measure (I measure)
el metro	metre
el número de teléfono	telephone number

2.2 Te presento a mi familia
Introducing my family to you

la abuela	grandmother
el abuelo	grandfather
los abuelos	grandparents
divorciado/a	divorced
la edad	age
la familia	family
los/las gemelos/as	twins
la hermana	sister
la hermanastra	stepsister
el hermanastro	stepbrother
el hermano	brother
los hermanos	siblings
la hija única	only child (daughter)
el hijo único	only child (son)
la madrastra	stepmother
la madre	mother
mayor	older
menor	younger
el padrastro	stepfather
el padre	father
los padres	parents
la prima	cousin (female)
el primo	cousin (male)
la tía	aunt
el tío	uncle

2.3 Los animales y las mascotas
Animals and pets

me gustaría tener	I would like to have
no tengo animales	I don't have any pets
similar a	similar to
tenía	I used to have

el caballo	horse
la cobaya	guinea pig
el conejo	rabbit
el gato	cat
el pájaro	bird
el perro	dog
el pez	fish
el ratón	mouse
la serpiente	snake

de colores	colourful
enorme	enormous
feroz	ferocious
grande	big
pequeño/a	small

2.4 Espejito, espejito…
Mirror, mirror…

tener	to have
azules	blue
marrones	brown
negros	black/dark
los ojos	eyes
verdes	green
calvo/a	bald
castaño	brown (hair)
el color	colour
corto	short
el estilo	style
largo	long
liso	straight
ondulado	wavy
pelirrojo	ginger (hair)
el pelo	hair
rizado	curly
rubio	blond
la barba	beard
el bigote	moustache
la boca	mouth
la cara	face
las gafas	glasses
la nariz	nose
las pecas	freckles

2.5 Las descripciones físicas
Physical descriptions

ser	to be
alto/a	tall
bajo/a	short
delgado/a	thin
feo/a	ugly
gordo/a	fat
guapo/a	good-looking
joven	young
mediano/a	average height
musculoso/a	muscular
viejo/a	old
la infanta/la princesa	princess
los rasgos físicos	physical features
la reina	queen
el rey	king

2.6 Mi carácter y relaciones
My personality and relationships

¿Cómo es?	What is he/she like?
aburrido/a	boring
activo/a	active
agresivo/a	aggressive
alegre	happy
antipático/a	unfriendly
arrogante	arrogant
divertido/a	fun
entusiasta	enthusiastic
generoso/a	generous
inteligente	intelligent
nervioso/a	nervous
perezoso/a	lazy
rápido/a	fast
simpático/a	nice
sincero/a	honest
tímido/a	shy
tonto/a	silly
torpe	clumsy

You'll find more useful vocabulary on pages 6–7 and in the glossary at the back of this book.

Mi burbuja

3.1 Mi tiempo libre

Objectives
- Talking about hobbies
- Using the regular present tense
- Using verbs in full

🎧 Escuchar

1 Escribe las letras correctas (a–j) para cada estudiante (1–5).

Ejemplo: **1** d, g

- a navegar por Internet
- b descansar en casa
- c escuchar música
- d jugar a la videoconsola
- e practicar deportes
- f salir con mis amigos
- g bailar salsa
- h chatear en el móvil
- i ver la tele
- j leer libros

📖 Leer

2 Read the opinions and complete the table. Write the hobbies each person mentions in English and decide whether their opinions are positive (P), negative (N) or positive and negative (P+N).

	Hobbies	P, N or P+N
Ximo	play on games console, go out with friends	P+N

Ximo
Normalmente me encanta jugar a la videoconsola. Mi juego favorito se llama Super Mario, ¡es estupendo! Generalmente prefiero jugar con Luisa y Gerardo. Raras veces me gusta salir con mis amigos... ¡es terrible!

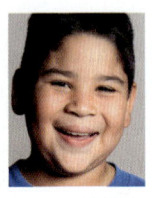

Coral
No tengo muchos pasatiempos, pero me gusta mucho escuchar música. Mi tipo de música favorito es el rock. A menudo me gusta leer libros también.

Mercedes
Mi pasatiempo favorito es practicar deportes. Además, me gusta bailar salsa con mis amigas Lola y Marisa. A Marisa le encanta bailar en la discoteca.

Sebastián
Yo odio descansar en casa o ver la tele, aunque me encanta un programa musical que se llama *La Voz*.

3 Busca las expresiones en el texto de la actividad 2.

- a my favourite game
- b to play with
- c I often like
- d she loves to dance
- e a music programme

Mis pasatiempos

Traducir

4 Translate these sentences into English.

a Practico deportes.
b Jugamos a la videoconsola.
c Navegáis por Internet.
d Bailas flamenco.
e Descansamos en casa.

5 Traduce estas frases al español.

a You (plural) dance salsa.
b I chat on my phone.
c She practises sports.
d We read books.
e They rest at home.

Aa Gramática

p.66; WB p.32

The present tense of regular verbs

In Spanish, there are three types of infinitive: **–ar** (e.g. **hablar** – to talk), **–er** (e.g. **comer** – to eat) and **–ir** (e.g. **vivir** – to live). To form the present tense, take off the –ar, –er or –ir and add:

	–ar	–er	–ir
I	o	o	o
you (singular)	as	es	es
he/she/it	a	e	e
we	amos	emos	imos
you (plural)	áis	éis	ís
they	an	en	en

Escuchar

6 Listen to these young people talking about hobbies. Complete the table in English with the hobby and the person who does it. Add any extra information you hear.

	Hobby	Who does it?	Extra information
Example	listen to music	they	pop music
a			

Estrategia

Using verbs in full

Being able to use verbs in different persons and tenses is key to becoming fluent. Regular present-tense endings must be learnt and used correctly. To help remember them, you can recite them, write them out on post-its or flashcards, or test yourself regularly. Most importantly, if you use them in speaking and writing, you will soon know them perfectly.

Hablar

7 Pregunta a cinco compañeros/as de clase y decide cuál es el pasatiempo más popular. Puedes usar opiniones también.

¿Cuál es tu pasatiempo favorito?

Mi pasatiempo favorito es.../Me encanta.../Me gusta.../Odio...

Escribir

8 Completa las frases con un pasatiempo apropiado y la forma correcta del verbo. Escribe información extra.

Ejemplo: Personalmente... practico deportes con mi hermano a veces.

- Personalmente...
- Mi amigo/a...
- Mis padres...

cincuenta y tres 53

3.2

Soy muy deportista

Objectives
- Talking about sports
- Learning the verbs *jugar* and *hacer*
- Using cognates to increase vocabulary

📖 Leer

1 Empareja los deportes (1–10) con los dibujos (a–j).

Jugar al...
1. tenis
2. fútbol
3. baloncesto
4. bádminton
5. balonmano

Hacer...
6. atletismo
7. natación
8. equitación
9. gimnasia
10. ballet

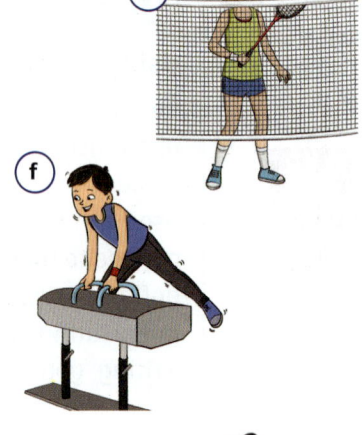

Aa Gramática p.66; WB p.33

Jugar and hacer

Jugar is a radical-changing verb in the present tense.

jugar	to play
j**ue**go	I play
j**ue**gas	you (sing) play
j**ue**ga	he/she plays
jugamos	we play
jugáis	you (pl) play
j**ue**gan	they play

Use *jugar* with *al* + sport: *jugar **al** fútbol* (to play football).

Hacer is irregular in the first-person singular.

hacer	to do
hago	I do
haces	you (sing) do
hace	he/she does
hacemos	we do
hacéis	you (pl) do
hacen	they do
hacer natación	to do swimming

❗ ¡Atención!

Some sports require the use of *jugar*, while others must use *hacer*. Take a look at the list of sports in activity 1. Can you explain the rule?

Which verb (*jugar* or *hacer*) would you use for the following sports?

boxeo   ciclismo
golf   béisbol

Mis pasatiempos

🎧 Escuchar

2 〰️ Escucha a los jóvenes y completa las frases con la forma correcta de *jugar* o *hacer*.

Ejemplo: **Juegan** *al rugby.*

a _____ al fútbol.
b ¿_____ al baloncesto?
c _____ al bádminton.
d _____ al balonmano.
e _____ atletismo.
f ¿_____ natación?
g _____ equitación.
h _____ gimnasia.
i _____ ballet.

💬 Hablar

3 Con un(a) compañero/a, describe lo que hace cada deportista (*sportsperson*) famoso.

> ¿Qué hace Jael Bestué?

> Jael Bestué hace atletismo.

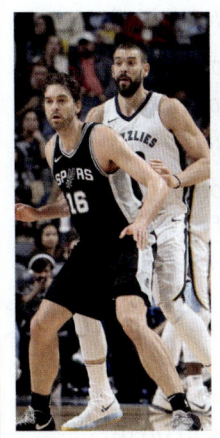

Pau Gasol y Marc Gasol   Jael Bestué   Mireia Belmonte

✏️ Escribir

4 Escribe unas frases sobre un(a) deportista hispano/a. Incluye tu opinión personal y también incluye una descripción física.

📖 Leer

5 Lee este blog de un chico español sobre los deportes. Escribe una lista de los cognados que hay en el texto.

Personalmente, juego al tenis con mi padre y hago natación en el colegio. ¡Es excelente! Mi hermana es diferente, pero a veces juega al baloncesto. El baloncesto es popular en Europa. Mis amigos juegan al bádminton. Es similar al tenis y es rápido. El problema es que a mí no me gusta – ¡soy terrible!

⚙️ Estrategia

Using cognates to increase vocabulary

You will have noticed that many Spanish words for sports are very similar to their English equivalent. These words are **cognates** and they are a great way of learning vocabulary quickly.

✦ Traducir

6 Together with a partner, translate the text in activity 5 into English.

Patrones y reglas

To instantly know hundreds of new Spanish words, use the cognate rules below. There are many more!

–ic	–ico	fantastic ➔ *fantástico*
–ct	–cto	correct ➔ *correcto*
–ance	–ancia	France ➔ *Francia*
–al	–al	animal
–ar	–ar	regular
–ble	–ble	horrible

Can you come up with some examples of your own? Make sure you don't say the Spanish words with an English accent!

cincuenta y cinco 55

3.3 Mis gustos deportivos

Objectives
- Giving detailed opinions on sports
- Extending use of verbs like *gustar* with *porque*
- Organising notes to help learning

Escuchar

1 Escucha las opiniones sobre los deportes (1–6). Para cada una, selecciona la opción correcta (a–f).

Ejemplo: **1** b

a. La natación es divertida.
b. El fútbol es emocionante. 
c. El ballet es difícil. 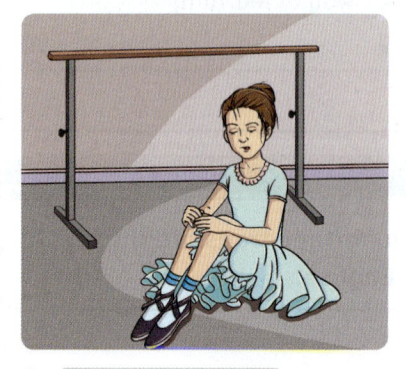
d. El ciclismo es fácil. 
e. El golf es aburrido y lento. 
f. El balonmano es rápido. 

Escribir

2 Completa las frases con el deporte y el adjetivo correcto (a–e).

Ejemplo: El f____ es f____.
El fútbol es fácil.

a. El c____ es r____.
b. La e____ es a____.
c. La n____ es e____.
d. El g____ es l____.

Hablar

3 Habla con tu compañero/a sobre los deportes. Uno/a da una opinión muy positiva y el/la otro/a una muy negativa.

Ejemplo:
- ¿Te gustan los deportes?
- Sí, el baloncesto es rápido, y el fútbol es emocionante. ¿Y tú? ¿Te gustan los deportes?
- No, en mi opinión el tenis es aburrido, el golf es lento y el atletismo no es emocionante.

¡Atención!

When giving an opinion on a particular sport, remember to make sure you use the correct masculine or feminine adjective.

- El atletismo es divertido.
- La equitación es aburrida.

Note that most sports are masculine nouns.

56 cincuenta y seis

Mis pasatiempos

Escribir

4 ¿Con –n o sin –n? Decide si estas frases de opinión necesitan (*need*) la –n al final o no.

Ejemplo: Me gusta el fútbol y el golf. ➜ Me gusta**n** el fútbol y el golf.

a Me encanta el tenis.
b Me gusta la natación y el baloncesto.
c Me gusta mucho el rugby.
d Me interesa el ciclismo y el atletismo.
e Me encanta mis gafas.
f Me mola los perros.
g Me gusta mi tío y mi tía.
h Me fascina el boxeo.

¡Arriba, arriba!

You already use *me encanta* ('I love') and *me gusta* ('I like'). Make your opinions more original by using these structures that work in the same way:

| me mola | me interesa |
| me chifla | me fascina |

- Me mola/Me chifla el fútbol. — I love football./Football is great.
- Me interesa/Me fascina la equitación. — Horse riding interests/fascinates me.

Leer

5 Lee la conversación y complétala con las palabras correctas de abajo.

Paco: Hola, ¿te gustan los deportes?

Luisa: ¡Sí! Juego al **1** _____ a menudo. ¡Es muy **2** _____! También me **3** _____ el tenis porque es fácil. ¿Y tú?

Paco: Hago **4** _____. Me interesa mucho porque es bastante **5** _____. Sin embargo, **6** _____ la natación. En mi opinión, es aburrida y difícil.

Gramática p.67; WB p.34

Extending opinions with *porque*

Combine your use of verbs such as *me encanta, me gusta*, etc. with *porque* (because) to extend your opinions.

- Me gusta la natación **porque** es divertida.

Note that you must add an –n at the end of verbs like *me gusta* if what you are talking about is plural.

- Me mola**n** los gatos.

In this case, you will also need to change *es* to *son*.

- Me mola**n** los gatos porque **son** pequeños.

rápido   equitación   mola   odio   bádminton   divertida

Estrategia

Organising your work

As you learn Spanish, you will build up lots of written pieces, vocabulary, worksheets and other materials. It is very important to file any useful loose work neatly, keep your exercise book organised and tidy, and even get rid of things you no longer need. By doing so, you will find your Spanish materials easier to use and learn from when doing homework or exam revision.

Hablar

6 Practica la conversación de la actividad 5 con un(a) compañero/a. Luego, repite la conversación pero cambia (*change*) las palabras 1–6.

cincuenta y siete 57

3.4

¡Brrr!
¡Hace frío!

Objectives
- Discussing weather
- Using 'if' and 'when' constructions
- Improving reading skills

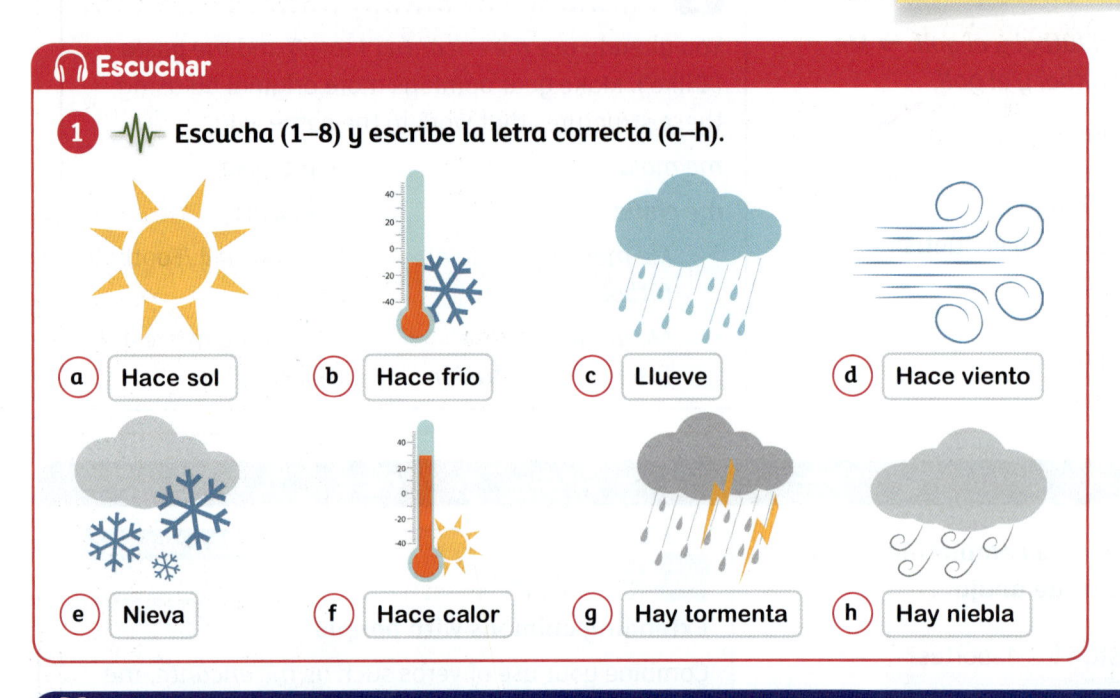

🎧 Escuchar

1 Escucha (1–8) y escribe la letra correcta (a–h).

- a Hace sol
- b Hace frío
- c Llueve
- d Hace viento
- e Nieva
- f Hace calor
- g Hay tormenta
- h Hay niebla

📖 Leer

2 Mira el mapa del tiempo en España y empareja las frases del pronóstico (*forecast*) (1–5).

El tiempo en España

1 En Barcelona…	a llueve mucho.
2 En Madrid…	b hace viento.
3 En Sevilla…	c hace mucho frío.
4 En Valencia…	d hace sol.
5 En Bilbao…	e hace sol y hace viento.

Patrones y reglas

When describing weather, to say 'very' or 'a lot', you must use *mucho*.
- Hace **mucho** calor.
- Llueve **mucho**.

¡Cultura!

The Spanish mainland is certainly not hot all year round. It can be very cold during winter (often below zero) and scorching in the summer (frequently above 35°C).

Mis pasatiempos

✏️ Escribir

3 Hay dos ciudades en el mapa que no se mencionan en la actividad 2. Escribe el tiempo en estas dos ciudades.

💬 Hablar

4 Inventa un pronóstico para otras ciudades hispanohablantes. Habla con un(a) compañero/a.

- ¿Qué tiempo hace en Murcia?
- Hace mucho sol.
- ¿Qué tiempo hace en Santiago de Chile?
- Hace frío y nieva.

✏️ Escribir

5 Reescribe estas frases en español.

a al baloncesto hace calor Cuando juego
b veo Si la tele llueve
c hace viento hago equitación Cuando
d mis amigos Si hace sol salgo con
e nieva escuchamos música Si
f mi padre hay tormenta descansa Cuando en casa

Aa Gramática

Si and cuando

Si ('if') and *cuando* ('when') are two very useful words that make your sentences more sophisticated. You generally use them in the same way as you would in English.

Si hay tormenta, veo la tele.
If it's stormy, I watch TV.

Cuando hace sol, juego al tenis.
When it's sunny, I play tennis.

❗ ¡Atención!

Note that *sí* (with an accent) means 'yes' and *si* (without an accent) means 'if'. They sound exactly the same!

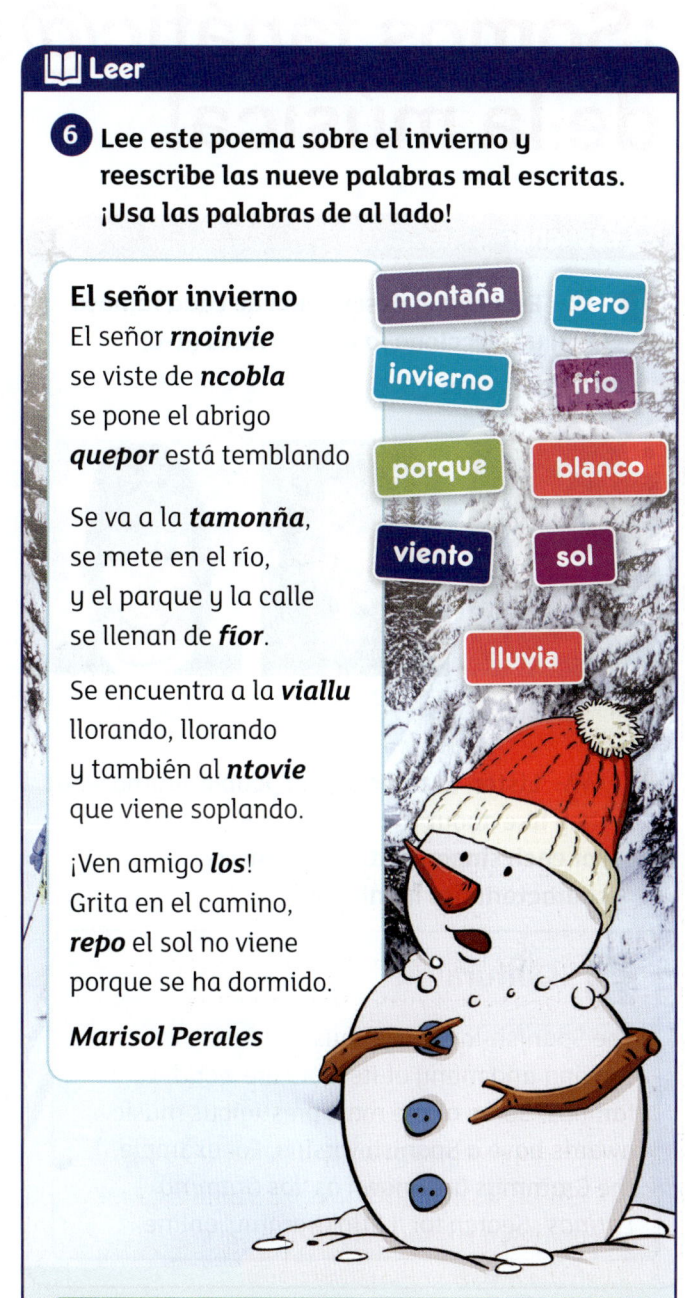

📖 Leer

6 Lee este poema sobre el invierno y reescribe las nueve palabras mal escritas. ¡Usa las palabras de al lado!

El señor invierno
El señor **rnoinvie**
se viste de **ncobla**
se pone el abrigo
quepor está temblando

Se va a la **tamonña**,
se mete en el río,
y el parque y la calle
se llenan de **fior**.

Se encuentra a la **viallu**
llorando, llorando
y también al **ntovie**
que viene soplando.

¡Ven amigo **los**!
Grita en el camino,
repo el sol no viene
porque se ha dormido.

Marisol Perales

montaña · pero · invierno · frío · porque · blanco · viento · sol · lluvia

⚙️ Estrategia

Improving reading skills

Before reading a text in detail, look at the layout and title – they can give lots of clues about it. Next, try to spot cognates and Spanish words that look similar to ones you already know. You can also try to work out some of the trickier words from context. Use these techniques when reading the poem in activity 6.

3.5 ¡Somos fanátic@s de la música!

Objectives
- Getting to know some famous Spanish-speaking musicians
- Using *que* to make longer sentences
- Learning how to research popular Hispanic culture

Escuchar

1 Escucha la descripción de cada famoso (1–3) y selecciona la foto correcta (a–c).

cantante singer

a Jennifer Lopez
b Ozuna
c Becky G

2 Listen to three young people saying what they like about the singers in activity 1. For each singer, write two positive characteristics mentioned.

¡Cultura!

The Spanish-language music industry is thriving and many of its stars are world-famous. Some of the most prestigious music awards have a Spanish version. For example, the Grammys are known as '*los Grammy Latinos*'. Search for 'Latin Grammy' online.

Leer

3 Lee la mini biografía del cantante Enrique Iglesias y contesta las preguntas en español.

Enrique Iglesias

Nombre completo:
Enrique Miguel Iglesias Preysler

Edad:
Cuarenta y tres años

Procedencia:
Madrid, España

Pasatiempo favorito:
Escuchar música o bailar bachata

Descripción:
Enrique es un cantante talentoso que es muy famoso en países diferentes. Su canción más popular se llama *Bailando* y tiene dos mil millones de visitas en YouTube. Enrique siempre es un chico muy educado; además, es un cantante muy activo en Internet que está en contacto continuo con sus fans.

a ¿Cuántos años tiene?
b ¿Cuáles son sus pasatiempos favoritos?
c ¿Cómo se llama su canción más popular?

Estrategia

Learning how to research popular Hispanic culture

A search of famous Spanish speakers on the Internet will bring up a clear photo-illustrated list of some important figures across many fields, such as sport, music, film and art. Also, a range of social media and websites such as YouTube will make suggestions based on your searches, so your knowledge can improve without too much effort!

Gramática

Using *que* in a sentence

Use *que* in the middle of a sentence to mean 'that' or 'who'.

Mi amigo que se llama David…	My friend who is called David…
El deporte que me encanta es el fútbol.	The sport that I love is football.

Mis pasatiempos

📖 Leer

4 Lee la mini biografía del cantante Luis Fonsi y contesta las preguntas en español.

Luis Fonsi

Nombre completo:
Luis Alfonso Rodríguez López-Cepero

Edad:
Cuarenta años

Procedencia:
San Juan, Puerto Rico

Pasatiempo favorito:
Descansar en casa y leer libros de aventuras

Descripción:
Luis es un cantante famoso que es muy popular en todo el planeta. Tiene una canción muy popular que se llama *Despacito* y tiene cuatro mil millones de visitas en YouTube. Luis nunca es un chico antipático, sin embargo, a veces es nervioso. Luis no es muy activo en Internet porque prefiere actuar en los conciertos enormes en países diferentes.

a ¿De dónde es?
b ¿Qué tipo de libros prefiere?
c ¿Cuántas visitas en YouTube tiene su canción *Despacito*?

5 Read the profiles of Enrique and Luis again and decide who…

a is older?
b wasn't born in Spain?
c likes to dance 'bachata'?
d has the song with the most views on YouTube?
e uses the Internet more?

6 Lee las mini biografías otra vez y escribe cuatro ejemplos del uso de *que*.

✦ Traducir

7 Translate your examples from activity 6 into English.

✏️ Escribir

8 Escribe en español una mini biografía de Camila Cabello. Usa la información de la lista.

Name: Camila Cabello
Age: 21
From: Cuba
Hobbies: likes going out with friends, charity work (*trabajo de voluntaria*)
Character: active, fun, popular
Most popular song: *Havana*, 1 billion views on YouTube

💬 Hablar

9 Haz una conversación con tu compañero/a sobre Camila Cabello. Usa las preguntas de las actividades 3 y 4 para ayudarte.

¿Cuántos años tiene?

Tiene veintiún años.

⬆ ¡Arriba, arriba!

Use opinion verbs or adverbs of frequency (see pages 40–41) to make your answers more impressive.

- *A veces* hace trabajo de voluntario.

sesenta y uno **61**

3.6 Su foto tiene muchos 'me gusta'

Objectives
- Comparing celebrity profiles on social media
- Using the comparatives *más* and *menos*
- Improving your Spanish via technology

Hablar

1 Read these opinions about famous people. With a partner, discuss what they mean in English.

a Tiene una gran personalidad.
b Es muy popular en YouTube y Twitter.
c Tiene millones de seguidores.
d Es súper famoso/a en Internet.

Dulceida

Abraham Mateo

Leer

2 Lee las descripciones de dos famosos en Internet y decide si las frases (a–f) describen Dulceida (D), Abraham (A) o Dulceida y Abraham (D+A).

Dulceida

Dulceida Domenech es una chica de veintiocho años que tiene un estilo atractivo. Es muy normal y es popular en las redes sociales. Dulceida es sociable: tiene muchos amigos y sus fotos tienen muchos 'me gusta'. Ella influencia a muchas personas con sus fotos y estilo y tiene más de dos millones de seguidores en Instagram. Su hermano se llama Álex y también es famoso. Cuando hace menos sol prefiere ver la tele en casa, pero cuando hace calor prefiere salir con amigas.

Abraham Mateo

Abraham es un chico de veinte años, muy joven y un poco alto. Es súper simpático y popular en Internet, con millones de seguidores en Instagram. Es cantante y su música tiene mucho ritmo. Abraham tiene un hermano que se llama Tony, pero es menos famoso. Su madre se llama Susana y es muy alegre y divertida. Su padre se llama Antonio y es más serio. Cuando nieva prefiere jugar a la videoconsola con su hermano. Su juego favorito se llama 'Halo'.

las redes sociales	social media

a Tiene 20 años.
b Tiene millones de seguidores en Instagram.
c Tiene mucho estilo.
d Es cantante.
e Tiene un hermano famoso.
f Le gustan los videojuegos.

3 Lee las descripciones otra vez y escribe cuatro ejemplos del uso de *más* o *menos*.

Aa Gramática
p.67; WB p.35

Using *más* and *menos*

Use comparisons to enhance your descriptions:

Más ('more') and *menos* ('less') can be used with *que* ('than') to make comparisons.

- *Abraham es más popular que Zabdiel.*
- *Sandra tiene menos seguidores que Dulceida.*

Note that when followed by a number, *más* and *menos* are followed by *de*:

- *más de cinco personas*   more than five people

62 sesenta y dos

Mis pasatiempos

Traducir

4 Translate your examples from activity 3 into English.

5 Traduce las frases al español.
a Luis Fonsi is less famous than Jennifer López.
b My brother is less fun than my sister.
c Lionel Messi is faster than Sergio Ramos.
d I have more than ten friends.

¡Arriba, arriba!
You will notice that some of the vocabulary on these pages has appeared previously in this unit. It is really important to reuse words and expressions regularly so you remember them. Make a note of the most useful ones and try to put them in your speaking and writing.

Escuchar

6 Listen to the descriptions of four Hispanic celebrities and fill in the missing words according to the information you hear.

a My favourite celebrity is Dulceida. She has more than _____ million followers on _____.
b I really like Abraham Mateo because he is always _____ and is really _____ on the Internet.
c I prefer Sandra Hernández. She plays for the Spanish national football team. She is _____ and the _____ of the team.
d _____ Zabdiel de Jesús. He is a member of the _____ CNCO and he is talented.

Sandra Hernández

Zabdiel de Jesús

Hablar

7 Haz un sondeo en clase. Pregunta a tres compañeros/as y anota sus respuestas.

¿Quién es tu famoso/a favorito/a?

Mi famoso/a favorito/a es… / me gusta… / me encanta…

¿Por qué?

Es… simpático/a / muy talentoso/a / súper popular

Tiene… una buena personalidad / un estilo atractivo / millones de seguidores.

Escribir

8 Usa la información de la actividad 7 y escribe un párrafo sobre un(a) famoso/a.

Estrategia

Improve your Spanish via technology
You can learn lots of Spanish language and culture via your smartphone, tablet or computer. Try changing the language on your smartphone to Spanish, or downloading an app that helps you learn Spanish. You could also listen to Spanish music or watch Spanish sporting events, series or films.

3.7

¡Zona cultura!
Los deportes estrella

📖 Leer

1 Lee la descripción y decide si las frases son verdaderas (V), falsas (F) o no mencionadas (NM).

a El Real Madrid y el Barcelona juegan en la liga española de fútbol.
b El estadio del Real Madrid se llama Camp Nou.
c El estadio Santiago Bernabéu tiene más capacidad que el estadio Camp Nou.
d Barcelona tiene más fans.

¡El clásico!

¿Qué es el clásico?

En la liga española de fútbol, los dos equipos más importantes se llaman el Real Madrid y el Barcelona. Cuando juegan, el partido es famoso, intenso y muy apasionante y se llama el clásico.

Los estadios

En Madrid, el estadio Santiago Bernabéu es grande y muy impresionante porque tiene una capacidad de 81.000 personas; sin embargo, en Barcelona, el estadio Camp Nou es enorme, con espacio para 99.000 personas.

L@s fanátic@s

Hay muchos fans en los dos equipos porque son populares y muy buenos cuando juegan al fútbol. Cristiano Ronaldo y Lionel Messi son las estrellas de los equipos pero hay más jugadores importantes.

📖 Leer

2 Busca y anota estas palabras que aparecen en el texto.

a teams   d impressive   f stars
b match   e space   g players
c thrilling

There are a number of sports and pastimes that are common in certain parts of Spain and Latin America, but are relatively unknown in other countries. Use the Internet to find out more about petanca, picota, jai alai, traineras and Harri-jasotze. You'll be surprised!

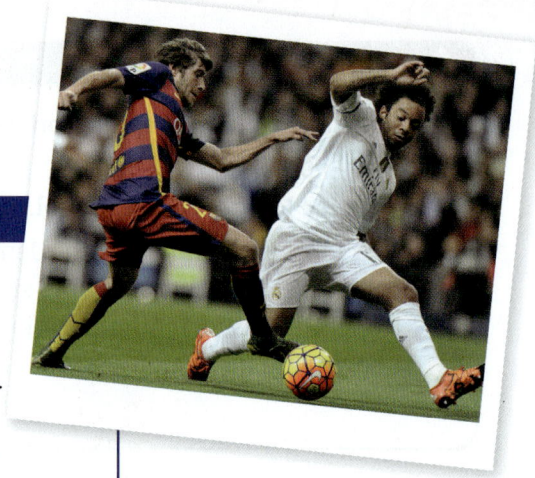

Mis pasatiempos

📖 Leer

3 Lee este perfil de un jugador de fútbol y complétalo con la información correcta de abajo.

Lionel Messi

Procedencia: Rosario, Santa Fe, Argentina

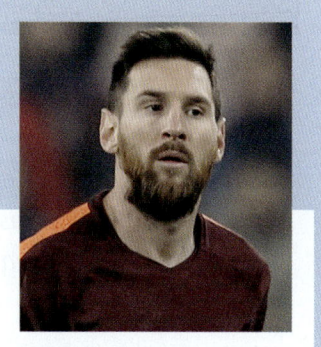

Cumpleaños: el **1** _____ de junio

Aspecto: Es mediano, fuerte y atlético. Tiene los ojos **2** _____ y el pelo castaño, pero raras veces rubio también. A veces tiene **3** _____ y bigote. Tiene **4** _____ tatuajes grandes.

Familia: Tiene tres hijos pequeños que **5** _____ Thiago, Mateo y Ciro.

Descripción:
Messi prefiere salir con sus hijos al cine o **6** _____ la tele en casa a veces. Le encanta bailar **7** _____ porque es tradicional en Argentina, aunque en este momento su casa está en Barcelona.

Messi es tradicional, **8** _____ y un poco serio con sus compañeros. Siempre es eficiente en el juego y marca muchos **9** _____. Es un héroe **10** _____ en Argentina, como su ídolo, Diego Maradona.

simpático · muchos · tango · se llaman · nacional · ver · marrones · barba · veinticuatro · goles

⇅ Traducir

4 Read the summary of basketball in Spain and translate it into English.

El baloncesto en España es un deporte muy popular. La liga de baloncesto es similar a la liga de fútbol y los equipos masculinos y femeninos son muy famosos. ¡La selección femenina de baloncesto es muy buena!

🎧 Escuchar

5 🎵 Escucha la primera parte de la entrevista (*interview*) con Leticia Romero, una estrella de la selección nacional (*national team*) femenina de baloncesto de España. Contesta las preguntas en español.

a ¿Cuántos años tiene Leticia?
b ¿Cuánto mide?
c ¿Cómo son sus ojos? (**dos** detalles)
d ¿Cómo es su carácter?

6 🎵 Listen to the second part of the interview and complete the sentences with the correct information.

a When it is _____ I like to go horse riding.
b My _____ is called Fernando.
c My mum prefers to _____ or watch TV.
d My dad goes _____ on Thursdays.

✏️ Escribir

7 Inventa una entrevista con un(a) deportista famoso/a. Escribe el diálogo en tu cuaderno y usa las transcripciones de las actividades 5 y 6 para dar forma a tu respuesta.

💬 Hablar

8 Practica el diálogo con tu compañero/a en la forma de una entrevista en la tele.

sesenta y cinco **65**

3.8 Labo-lengua

Gramática

The present tense of regular verbs

In Spanish, there are three types of infinitive: **–ar** (the most common type), **–er** and **–ir**. To use them in the present tense, you take off the –ar, –er or –ir and replace it with one of the endings in the table.

	–ar	–er	–ir
yo (I)	o	o	o
tú (you) (sing)	as	es	es
él/ella (he/she/it)	a	e	e
nosotros (we)	amos	emos	imos
vosotros (you) (pl)	áis	éis	ís
ellos/ellas (they)	an	en	en

- escuch**ar** — to listen — escuch**o** — I listen
- le**er** — to read — le**emos** — we read
- sal**ir** — to go out — sal**en** — they go out

1 Choose the correct verb to complete each sentence. You will need to conjugate the verb correctly.

a (we) _____ por Internet siempre en casa.
b (I) _____ con mis amigos en mi teléfono móvil.
c (she) _____ música pop porque es divertida.
d (you, plural) _____ salsa en la discoteca de verano.
e (they) _____ libros de historia.
f (you, singular) _____ en casa generalmente.

descansar · escuchar · navegar · leer · chatear · bailar

Gramática

The present tense of *jugar* and *hacer*

Jugar is a radical-changing verb in the present tense. The 'u' of the infinitive is replaced by 'ue' in the 'I', 'you' (singular), 'he/she' and 'they' forms. There are many verbs that follow this pattern.

jugar	to play
j**ue**go	I play
j**ue**gas	you (sing) play
j**ue**ga	he/she plays
jugamos	we play
jugáis	you (pl) play
j**ue**gan	they play

Use *jugar* with *al* + sport: *jugar al fútbol* (to play football).

Hacer is only irregular in the first-person singular form.

hacer	to do
hago	I do
haces	you (sing) do
hace	he/she does
hacemos	we do
hacéis	you (pl) do
hacen	they do

2 Choose the correct verb for each sentence.

a Yo no **juegas/jugamos/juego** al bádminton porque es muy difícil.
b ¿Vosotros **haces/hacéis/hacen** gimnasia hoy?
c Marieta **hace/haces/hacéis** equitación con un caballo grande y marrón.
d ¿Y tú? ¿**Juega/Juegas/Jugáis** al tenis o al golf?
e Mis dos hermanos Lolo y Juan no **hacen/juegan/haces** judo nunca.
f Nosotros **juegas/jugáis/jugamos** al rugby.

sesenta y seis

Mis pasatiempos

Gramática

Impersonal verbs

Verbs such as *me encanta, me gusta, me mola, me interesa, me fascina* etc. work differently.

'*Me gusta el tenis*' literally means 'tennis is pleasing to me'.

'*Me interesa leer*' literally means 'reading interests me'.

As the verb agrees with the subject (e.g. reading, tennis), in this case you must add an *–n* to the end of the verb if what you are talking about is in the plural form.

- *Me gusta**n** el golf y el rugby.*
  Golf and rugby are pleasing to me.
- *Me fascina**n** los deportes.*
  Sports fascinate me.

3 Decide if the impersonal verb in each sentence is correct or incorrect. Then correct the mistakes.

a   Me fascina la equitación porque es divertida.
b   Detesto el fútbol, pero me chifla el bádminton y el tenis.
c   No me interesa nada el judo o la lucha libre, prefiero el baloncesto.
d   ¡Me mola la natación porque es muy fácil!
e   Me gusta el rugby un poco, sin embargo me fascina los deportes acuáticos.
f   Detesto el ballet y la gimnasia.

Gramática

Using *más* and *menos*

Use comparisons to enhance your descriptions:

Más ('more') and *menos* ('less') can be used with *que* ('than') to make comparisons.

- *El fútbol es más emocionante que el golf.*
- *Leer es menos fácil que ver la tele.*

4 Unjumble the words and rewrite the following sentences. You cannot move the underlined words at the start.

a   El tenis... fácil que es el bádminton más
b   La natación... es menos la equitación lenta que
c   El judo... es el taekwondo más emocionante que
d   El fútbol... no es más la gimnasia que complicado
e   En Chile... hace que en México más frío
f   Messi... es menos Maradona en Argentina que popular

Pronunciación: 'v' and 'b'

The letters 'v' and 'b' sound exactly the same in Spanish. They are both pronounced like the English 'b'. At the beginning of a word and after 'm' or 'n', the Spanish 'b' and 'v' sound hard. In other positions, they sound softer, as if your lips are not allowed to touch. Remember that the 'v' and 'b' should never sound like the English 'v'.

viernes   **b**lanco
a**v**entura   a**b**uelo

5 Try saying the following: 'Un abuelo vuela aviones sobre las violetas en vientos volátiles.'

sesenta y siete

3.9

El podio de los campeones

Bronce

1 📖 **Read the message and put the pictures in the correct order.**

> Hola Jasir, ¿juegas al baloncesto el lunes? El martes, yo hago natación por la mañana, luego por la tarde mi hermano y yo descansamos en casa y jugamos a la videoconsola. ¡Hasta luego!
>
> 07:33 ✓✓

a b  c  d

2 📖 **Read the message again and find the Spanish for the following:**

a you play
b on Tuesday
c in the afternoon
d see you later!

3 ✏️ **Rewrite these sentences in Spanish.**

a jugar Me gusta al fútbol
b divertida es muy La natación
c el atletismo porque Odio aburrido es
d interesantes leer libros porque Me mola son
e baloncesto Mi padre y yo jugamos al

Plata

4 📖 **Lee la descripción del futbolista Luis Suárez y completa las frases.**

Read the description of the footballer Luis Suárez and complete the sentences.

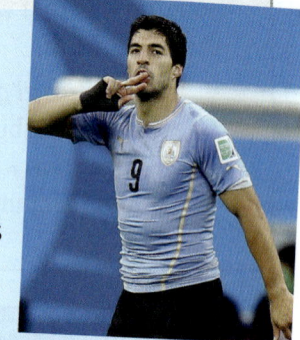

> Luis Alberto Suárez Díaz es un futbolista profesional de Uruguay que juega en el Fútbol Club Barcelona. Es considerado un futbolista excepcional y marca muchos goles. En este momento tiene más de 12 millones de seguidores en Twitter. En su tiempo libre, le gusta descansar con su familia y jugar a la videoconsola. Luis es muy famoso, sin embargo, no es arrogante.

a Luis Suárez is from _____.
b He is considered to be an _____.
c He has more than 12 million _____.
d He likes to _____ with his family in his spare time.
e He also likes to play _____.
f Luis is famous but not _____.

5 ➡️ **Traduce este texto al español. Usa la descripción de Luis Suárez en la actividad 4 para ayudarte.**

Translate this text into Spanish. Use the description of Luis Suárez in activity 4 to help you.

> Luis Suárez is very famous. At the moment, he plays for Barcelona. He is an intelligent footballer and furthermore, he is very popular in Spain and Uruguay. Luis is very active and plays lots of sports in his free time.

sesenta y ocho

Mis pasatiempos

Oro

6 Lee el blog de Andrés y contesta las preguntas en español.

martes, 22 de agosto

El tiempo libre para mí es muy importante. Sin embargo, no me interesa practicar los deportes, por ejemplo, el balonmano o el atletismo. En mi opinión, los deportes son aburridos y tontos. Yo prefiero hacer actividades más lentas e interesantes. Me chifla leer libros o escribir mi blog. Escribir es muy difícil, pero en el futuro me gustaría ser autor de libros de ciencia ficción. ¿Es posible? ¡Si practico mucho, sí!

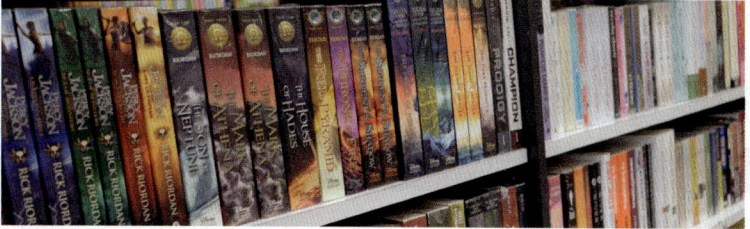

a ¿Qué deportes no le interesan a Andrés? (**dos** deportes)
b ¿Cuál es su opinión sobre estos deportes? (**dos** detalles)
c ¿Qué actividades prefiere? (**dos** actividades)
d ¿Qué le gustaría ser en el futuro?

7 Traduce al inglés el texto desde '*Yo prefiero hacer…*'

8 Describe lo que haces en tu tiempo libre. Incluye:
- dos deportes
- dos otros pasatiempos
- la expresión 'me mola'
- una frase con 'porque'
- una frase con 'si' o 'cuando'
- un(a) famoso/a hispano/a que te gusta.

¡Arriba, arriba!

As well as using impressive language, adding a cultural element to your writing is important. You could mention a famous Spanish or Latin American person that interests you and give key information about them. This will make you really stand out as a knowledgeable student of the language.

sesenta y nueve **69**

¡Demuestra lo que sabes!

Leer

1 Read the descriptions and complete the table with the correct information in English.

Marcelo: Si llueve, juego a la videoconsola – es un pasatiempo divertido. Soy adicto a los videojuegos de estrategia. ¡Son muy interesantes, pero difíciles!

Ana: Cuando hace sol, me gusta hacer equitación. Es un deporte emocionante. Mi caballo se llama León y es bastante pequeño.

Luna: Si nieva, prefiero navegar por Internet en casa porque es fácil y mi conexión es rápida. ¡Me fascinan YouTube y Wikipedia!

Pepe: Cuando hace calor, me mola jugar al tenis con mi amigo Diego. Siempre jugamos los fines de semana y en mi opinión, es una actividad estupenda.

	Weather	Activity
Marcelo		

2 Lee las descripciones otra vez. Decide si estas frases son verdaderas (V), falsas (F), o no mencionadas (NM).

a   A Luna le gusta navegar por Internet.
b   Marcelo juega a la videoconsola cuando llueve.
c   Ana tiene un caballo grande.
d   Pepe detesta el fútbol.
e   Luna tiene una conexión lenta.
f   Marcelo es adicto a los videojuegos de estrategia.
g   La opinión de Pepe es que el tenis es estúpido.
h   El caballo de Ana es gris.

Escuchar

3 Listen to Adrián talking about his hobbies and complete the text with the correct information.

In my free time, I play a lot of **1** _____.
I love to do **2** _____ and cycling because they are **3** _____. Furthermore, I like to play **4** _____. It is very **5** _____ in my school.
6 _____, my friends and I play on the games console or we **7** _____, for example, Netflix.
8 _____ *Game of Thrones*, it is an **9** _____ programme. My favourite **10** _____ is Emilia Clarke.

Escribir

4 Mira la foto y contesta las preguntas en español.

- ¿Qué hay en la foto?
- ¿Te gustan los deportes?
- ¿Qué haces en tu tiempo libre?

Hablar

5 Con un(a) compañero/a, pregunta y contesta las preguntas de la actividad 4.

3.11 Mis pasatiempos

Mi lista de logros

I can...

3.1 Mi tiempo libre

- [ ] name a range of hobbies
- [ ] say what my favourite hobbies are
- [ ] use the regular present tense in full, with support
- [ ] combine adverbs of frequency with opinions on sports
- [ ] say what hobbies people I know do

- *escuchar música, ver la tele...*
- *mi pasatiempo favorito es...*
- *chateamos, leen, bailáis...*
- *a veces me gusta practicar deportes*
- *mi padre descansa en casa*

3.2 Soy muy deportista

- [ ] name many different sports
- [ ] say *jugar* and *hacer* in full in the present tense
- [ ] use *jugar* and *hacer* with the correct sports
- [ ] work out new words based on cognate rules

- *el tenis, la natación, el baloncesto...*
- *juego, juegas, juega... hago, haces, hace...*
- *jugar al fútbol, hacer equitación...*
- *terrible, diferente, fantástico...*

3.3 Mis gustos deportivos

- [ ] use lots of adjectives to describe sports
- [ ] use new verbs of opinion
- [ ] give extended opinions on sports
- [ ] organise my notes effectively

- *fácil, lento, emocionante...*
- *me mola, me interesa, me fascina, me chifla*
- *me mola el tenis porque es rápido*
- file carefully, remove unwanted sheets...

3.4 ¡Brrr! ¡Hace frío!

- [ ] talk about different types of weather
- [ ] improve my reading skills
- [ ] identify a range of important Spanish cities on the map
- [ ] use *si* and *cuando* to make sophisticated sentences

- *llueve, hace sol...*
- look for cognates, use the context...
- *Bilbao, Vigo, Valencia...*
- *Si/Cuando nieva, salgo con mis amigos*

3.5 ¡Somos fanátic@s de la música!

- [ ] identify a range of famous Hispanic musicians
- [ ] understand a profile of a famous person in Spanish
- [ ] write my own profile about someone
- [ ] extend sentences using *que*

- *Luis Fonsi, Enrique Iglesias, Camila Cabello...*
- *nombre, edad, procedencia, descripción*
- *Es un cantante popular y...*
- *Tiene una canción famosa que se llama...*

3.6 Su foto tiene muchos 'me gusta'

- [ ] understand vocabulary related to social media
- [ ] name some well-known Spanish speakers on social media
- [ ] use *más* and *menos* in comparisons
- [ ] find ways of improving my Spanish using technology

- *las redes sociales, seguidores, tiene muchos 'me gusta'*
- *Dulceida, Abraham Mateo...*
- *es más popular que..., tiene más de un millón de seguidores*
- apps, social media, music, series and films

setenta y uno 71

Vocabulario

3.1 Mi tiempo libre
My free time

los pasatiempos	hobbies
bailar salsa	to dance salsa
chatear en el móvil	to chat on the phone
descansar en casa	to relax at home
escuchar música	to listen to music
jugar a la videoconsola	to play on the games console
leer libros	to read books
navegar por Internet	to surf the Internet
practicar deportes	to do/play sports
salir con mis amigos	to go out with friends
ver la tele	to watch TV
la discoteca	nightclub
estupendo/a	wonderful
favorito/a	favourite
interesante	interesting
el programa	programme
el tipo	type

3.2 Soy muy deportista
I'm very sporty

los deportes	sports
los deportes acuáticos	water sports
jugar al...	to play...
bádminton	badminton
baloncesto	basketball
balonmano	handball
béisbol	baseball
fútbol	football
golf	golf
rugby	rugby
tenis	tennis
voleibol	volleyball

hacer...	to do...
atletismo	athletics
ballet	ballet
boxeo	boxing
ciclismo	cycling
equitación	horse riding
gimnasia	gymnastics
natación	swimming
con	with
deportista	sporty
el/la deportista	sportsperson
diferente	different
excelente	excellent
terrible	terrible
el equipo	team
el partido	match
la selección nacional	national team

3.3 Mis gustos deportivos
My sporting tastes

aburrido/a	boring
apasionante	exciting
difícil	difficult
divertido/a	fun
emocionante	exciting
fácil	easy
lento/a	slow
rápido/a	fast
me chifla	I love
me fascina...	... fascinates me
me interesa...	... interests me
me mola	I love
en mi opinión	in my opinion
para mí	for me
porque	because

72 setenta y dos

3.4 ¡Brrr! ¡Hace frío!
Brrr! It's cold!

el tiempo	weather
¿Qué tiempo hace?	What's the weather like?
hace (mucho) calor	it's (very) hot
hace frío	it's cold
hace sol	it's sunny
hace viento	it's windy
hay niebla	it's foggy
hay tormenta	it's stormy
llueve (mucho)	it's raining (a lot)
nieva	it's snowing
el pronóstico	forecast
el calor	heat
el frío	cold
el invierno	winter
la lluvia	rain
la niebla	fog
la nieve	snow
el sol	sun
la tormenta	storm
el viento	wind
cuando	when
si	if

3.5 ¡Somos fanátic@s de la música!
We're music fanatics!

el/la actor/actriz	actor/actress
actuar	to act/perform
el/la artista	(performing) artist
la canción	song
el/la cantante	singer
estar en contacto con	to be in touch with
famoso/a	famous
el/la famoso/a	famous person
el/la fan	fan
Internet	Internet
popular	popular
el/la rapero/a	rapper
talentoso/a	talented
la visita	view (e.g. on YouTube)

3.6 Su foto tiene muchos 'me gusta'
Her photo has a lot of 'likes'

el estilo	style
la foto	photo/picture
el grupo	group
influenciar	to influence
el/la jugador(a)	player
'me gusta'	like (on social network)
el miembro	member
la personalidad	personality
la red social	social network
el/la seguidor(a)	follower
usar	to use
simpático/a	kind, nice
sociable	sociable
talentoso/a	talented

You'll find more useful vocabulary on pages 6–7 and in the glossary at the back of this book.

Mis pasatiempos

setenta y tres 73

4.1 Donde vivo yo

Objectives
- Talking about the area where you live
- Using *es* and *está*
- Working out unfamiliar language

🎧 Escuchar

1 ¿Dónde viven estos estudiantes? Escucha y completa la tabla con las letras correctas.

¿Dónde vives? Vivo en…

a – el campo
b – la montaña
c – la playa
d – una aldea
e – un pueblo
f – una ciudad

Nombre	Letra 1	Letra 2
Sonia	e	b
Gabriel		
Jonás		
Paula		

📖 Leer

2 Empareja estos adjetivos para describir dónde vives.

1. grande
2. pequeño/a
3. bonito/a
4. feo/a
5. moderno/a
6. antiguo/a
7. histórico/a

a. ugly
b. old
c. big
d. historic
e. small
f. pretty
g. modern

💬 Hablar

3 Lee la información (a–c) y describe dónde vives a un(a) compañero/a.

Ejemplo: Málaga/big city/coast
- ¿Dónde vives?
- Vivo en Málaga, una ciudad grande en la costa.

a. Ronda/old town/mountains
b. Cudillero/historic village/seaside
c. Bermeo/pretty town/coast

📖 Leer

4 Mira la brújula (*compass*) y lee los puntos cardinales (*compass points*). Empareja las letras con los números.

1. sur
2. noroeste
3. norte
4. este
5. sureste

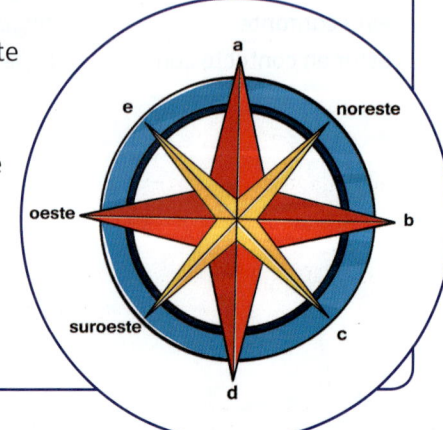

(compass labels: a, noreste, b, c, d, suroeste, oeste, e)

setenta y cuatro

Mi casa

📖 Leer

5 Read the text and decide who (Pancho, Román, Andrés or Camila)...

a lives in a very sunny and hot place.
b lives in the capital of Chile.
c lives with their parents.
d lives in the south of the country.
e thinks where they live is pretty.
f is fascinated by an island.

Aa Gramática
p.88; WB p.42

Es and está

In Spanish, there are two ways to say 'it is': es and está.

Es is used for general descriptions:

> Madrid es grande.
> Mi madre es simpática.

Está is used for position:

> Valencia está en el este de España.
> Pamplona está en el norte.

Soy **Pancho** y vivo en Chile. ¡Me encanta mi país! Yo vivo con mis padres en Arica, una ciudad pequeña en la playa. Está en el norte. Me gusta mucho Arica porque es muy bonita.

Mi hermano mayor, **Román**, vive en el sur del país, en una aldea rural que se llama Timakuel.

Mi tío **Andrés** vive en San Pedro, en el centro del desierto de Atacama. Atacama es un área famosa y turística de Chile, y allí ¡siempre hace mucho sol y calor!

Mi abuela **Camila** vive en la capital del país, que se llama Santiago. Santiago es una ciudad muy grande y también histórica. Tiene muchos monumentos. Mi abuela vive a las afueras de la ciudad.

Mi parte favorita de Chile es la Isla de Pascua. Es una isla pequeña que está en el Océano Pacífico. ¡Me fascina la isla porque tiene unas estatuas famosas que se llaman Moai! ¡Son muy grandes!

🎧 Escuchar

6 Listen to the conversation. Read the English summary and correct the four mistakes.

Example: Manolo lives in a ~~big~~ small city.

> Manolo lives in the west of Spain in Logroño. He likes it because it is old. Carlos lives in the south of Chile, in a town called Tacna. Carlos lives with his mother and sister.

⚙️ Estrategia

Working out unfamiliar language

If you find a Spanish sentence difficult to understand, you can often work out the meaning by:

- context – looking at or listening to the words before and after the word you don't know.
- cognates – does the word look or sound like a word you know in English?

✏️ Escribir

7 Describe la zona donde vives y una zona diferente donde vive un(a) amigo/a.

Ejemplo: Vivo en Newquay, un pueblo en la playa, pero mi amigo/a vive en...

⬆️ ¡Arriba, arriba!

Add the name of the place and an adjective:

- Vivo en **Manzanillo**, una ciudad **pequeña** en la playa, **en México**.

setenta y cinco **75**

4.2 Mi casa es tu casa

Objectives
- Describing types of house
- Using the verb *vivir* in the present tense
- Checking work for errors

🎧 Escuchar

1 Mira los dibujos y escucha a los ocho jóvenes. Completa la tabla en español. ¿Dónde viven? ¿Qué información extra mencionan?

	¿Dónde viven?	Información extra
Ejemplo	casa	en la montaña
a		

- una casa
- una granja 
- una caravana 
- una casa de campo 
- un castillo 
- un piso en un bloque 
- un rascacielos 
- un chalet 

✏️ Escribir

2 Completa la conversación con la forma correcta del verbo *vivir*. Usa las palabras de abajo.

– ¿Dónde **1** _____, Raúl?
– **2** _____ en un piso moderno en el centro de la ciudad.
– ¿Dónde **3** _____ tus padres?
– En una casa de campo.
– ¿Y tu hermana?
– Mi hermana **4** _____ en un piso en la playa con sus amigas.

viven   vives   vivo   vive

Aa Gramática

Vivir
This is a regular –ir verb in the present tense.

vivir	to live
vivo	I live
vives	you (sing) live
vive	he/she/it lives
vivimos	we live
vivís	you (pl) live
viven	they live

76 setenta y seis

Mi casa

📖 Leer

3 Lee estas declaraciones de tres jóvenes, luego empareja las frases.

Pablo: Vivo en un cortijo. Es una casa de campo muy cómoda en Andalucía, una región bonita en el sur de España.

Aurora: Vivo en un chalet moderno en Sierra Nevada en el sur de España. ¡Hay muchas montañas!

Nuria: Mi hermana y yo vivimos en un rascacielos nuevo en Benidorm, un pueblo en el este de España. Mi apartamento es un poco pequeño.

1	La casa de campo de Pablo...	a	es moderno.
2	La región donde vive Pablo...	b	en el este de España.
		c	es muy cómoda.
3	El chalet de Aurora...	d	tiene muchas montañas.
4	Sierra Nevada...	e	no es muy grande.
5	Benidorm está...	f	se llama Andalucía.
6	El apartamento de Nuria...		

ℹ️ ¡Cultura!

There are lots of different names for houses in Spain. A country house (*una casa de campo*) in the south is known as *un cortijo*, while in the northeast it is called *una masía*. In other regions, you will also hear the terms *una quinta*, *una barraca* or *un pazo*. Use the Internet to see what they look like!

💬 Hablar

4 Practica la conversación de la actividad 2 con un(a) compañero/a.

5 Practise the conversation again, this time replacing the underlined words with the words below. Change them into Spanish!

a	Robert	b	Sophie
	a comfortable house		a small flat
	a big farm		a castle
	the outskirts		a city

⬆️ ¡Arriba, arriba!

You can make descriptions of homes more impressive by adding adjectives:

viejo/a	old
nuevo/a	new
espacioso/a	spacious
cómodo/a	comfortable
lujoso/a	luxurious

Remember to make sure the adjectives agree with what they describe:

- una casa nuev**a**
- do**s** piso**s** cómodo**s**

Traducir

6 Traduce la frase al español.

My brother lives in a modern, spacious house in the centre of the city, but I live in the countryside, on a small farm in the east.

⚙️ Estrategia

Checking your work for errors

As you write, ask yourself the following questions:

- Have I used the correct word?
- Is it spelt correctly?
- Are the words in the right order?
- Have I used the correct verb endings?
- Have I checked agreements?

setenta y siete 77

4.3

¡Pasa, pasa a mi casa!

Objectives
- Describing rooms in the house
- Using the definite article
- Using a bilingual dictionary

🎧 Escuchar

1 〰️ Escucha las descripciones (1–4) y escribe las letras mencionadas (a–h).

Ejemplo: 1 g, c...

Abajo hay...

- a un salón
- b un comedor
- c una cocina
- d un pasillo

Arriba hay...

- e un aseo
- f un dormitorio
- g un baño
- h un trastero

Patrones y reglas

Many words related to rooms in the house are cognates. Try to work out the meaning of the following words:

un ático   un balcón
un jardín   una escalera
un garaje

✏️ Escribir

2 Decide si cada frase (a–f) es correcta (✓) o no (✗). Si no es correcta, escribe la versión correcta.

a el casa moderna
b el comedores grandes
c los balcones pequeños
d las cocinas blancas
e las dormitorios espaciosos
f la granjas grandes

Aa Gramática

p.88; WB p.43

The definite article

In Spanish, 'the' is either **el** (masculine), **la** (feminine), **los** (masculine plural) or **las** (feminine plural).

- **el** aseo   the toilet
- **las** cocinas   the kitchens

When talking about things in a general sense, the definite article is still used in Spanish, even though it is not used in English.

- **Las** casas son más grandes que **los** pisos.
  Houses are bigger than flats.

78 setenta y ocho

Mi casa

📖 Leer

3 Read the description of a house for sale and answer the questions in English.

SE VENDE… una casa muy bonita situada en el este de Tarragona, en España. Abajo hay una cocina, un aseo, un salón y un comedor grande. Arriba hay tres dormitorios, dos con balcones. También hay un trastero, un baño espacioso y un pasillo. Afuera hay un garaje y un jardín pequeño. En muy buen estado y a bajo precio. Consulta nuestra página web para más información. 300.000 €

a Where is the property located? (**two** details)
b How many rooms are there downstairs?
c How many bedrooms have balconies?
d How is the bathroom described?
e What do you think '*muy buen estado y a bajo precio*' means?
f How can you find out more information about the property?

🎧 Escuchar

4 Escucha a Sancho y Alejandra. ¡Viven en casas muy diferentes! Decide si las frases (a–f) son verdaderas (V) o falsas (F).

Sancho
a Su casa es grande.
b Abajo hay un aseo.
c El baño tiene dos colores.

Alejandra
d Su casa está en el centro.
e Juega al fútbol en el jardín.
f Abajo hay seis dormitorios.

📖 Leer

5 Empareja las preguntas con las respuestas.

1 ¿Dónde vives?
2 ¿Cómo es tu casa?
3 ¿Qué hay arriba en tu casa?
4 ¿Qué hay abajo?
5 ¿Dónde vivías en el pasado?
6 ¿Dónde te gustaría vivir en el futuro?

a Arriba hay dos dormitorios y un baño.
b En el pasado, vivía en un piso en Madrid.
c Mi casa es moderna y grande.
d Me gustaría vivir en Los Ángeles.
e Abajo hay un salón y una cocina pequeña.
f Vivo en una casa en Alicante.

✏️ Escribir

6 Contesta las preguntas de la actividad 5 con tu información personal.

⚙️ Estrategia

Using a bilingual dictionary

When writing about a topic such as your house, there may be lots of words you don't know but want to use. When looking up a particular word in a dictionary (online or printed), check its spelling carefully, whether it is masculine or feminine, and its plural form. Be careful; you should also make sure you choose the correct meaning of the word!

💬 Hablar

7 Haz una conversación con tu compañero/a, usando las preguntas de la actividad 5 y tus propias respuestas.

setenta y nueve 79

4.4 Mi habitación es mi reino

Objectives
- Describing your bedroom
- Using prepositions of place with *estar*
- Recycling language

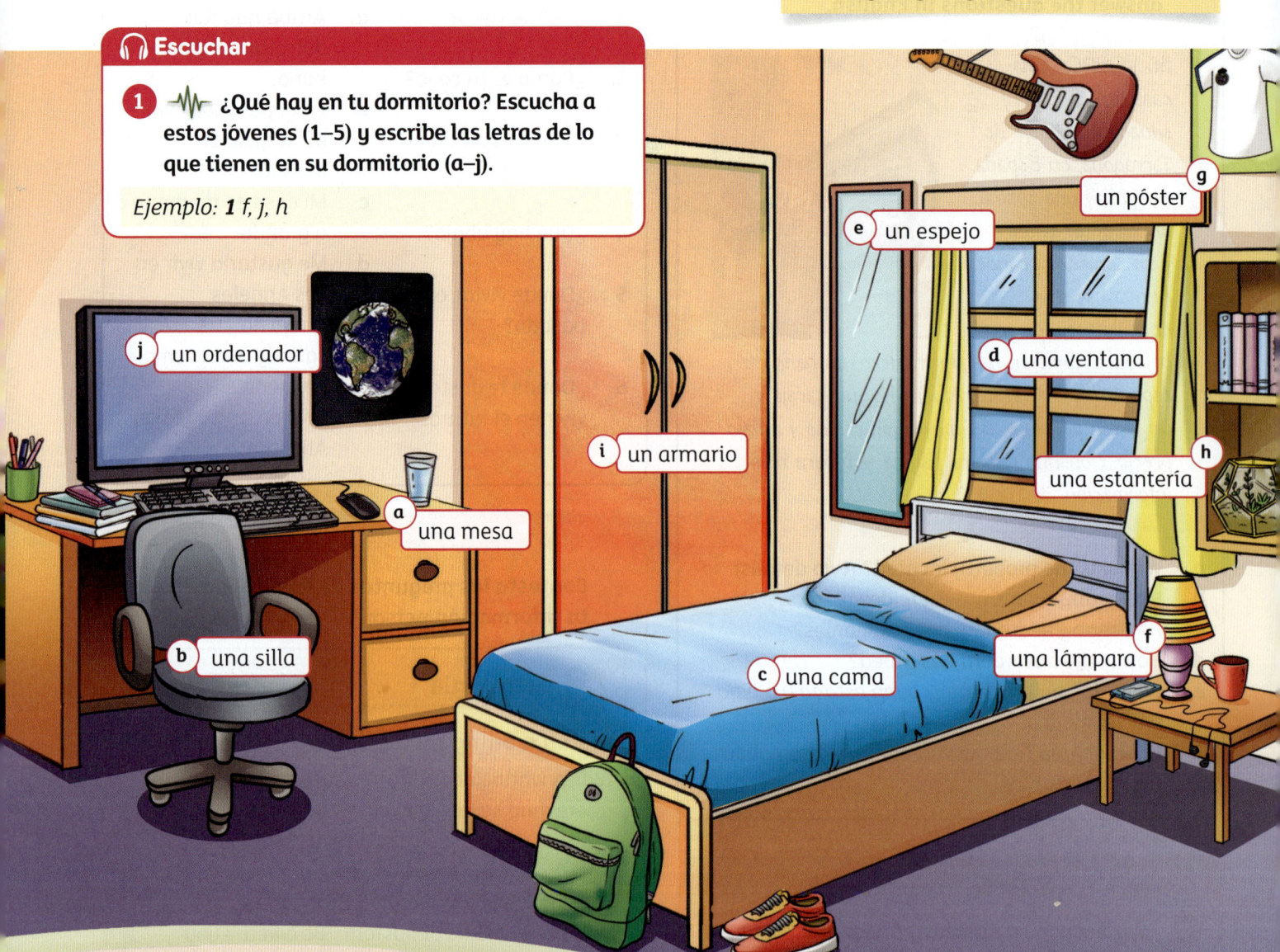

🎧 Escuchar

1 ¿Qué hay en tu dormitorio? Escucha a estos jóvenes (1–5) y escribe las letras de lo que tienen en su dormitorio (a–j).

Ejemplo: 1 f, j, h

- j un ordenador
- a una mesa
- b una silla
- i un armario
- c una cama
- e un espejo
- d una ventana
- g un póster
- h una estantería
- f una lámpara

💬 Hablar

2 Con tu compañero/a, contesta la pregunta: ¿Qué hay en tu dormitorio? Añade cada vez una cosa más.

- En mi dormitorio hay una cama.
- En mi dormitorio hay una cama y una lámpara.
- En mi dormitorio hay una cama, una lámpara y un armario...

Patrones y reglas

Remember, 'a' is either *un* (masculine) or *una* (feminine). 'The' is either *el* (masculine) or *la* (feminine).

- **un** armario — a wardrobe
- **una** cama — a bed
- **el** armario — the wardrobe
- **la** cama — the bed

Mi casa

Leer

3 ¿Dónde está el Ratoncito Pérez? Empareja las descripciones (1–6) con los dibujos (a–f).

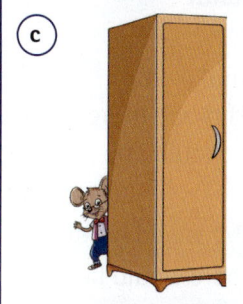

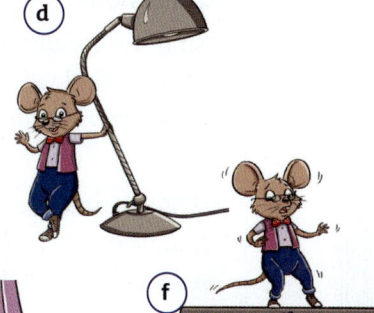

a   b   c   d   e   f

El Ratoncito Pérez…

1. está entre la silla y la mesa.
2. está encima del ordenador.
3. está delante de la estantería.
4. está al lado de la lámpara.
5. está debajo de la ventana.
6. está detrás del armario.

¡Cultura!

When Spanish children lose a tooth, Ratoncito Pérez visits them overnight and replaces the tooth with a small gift while they sleep, a bit like the tooth fairy.

Hablar

4 Haz un dibujo simple del Ratoncito Pérez en su dormitorio. Tu compañero/a debe describir dónde está.

Gramática

p.89; WB p.44

Prepositions of place with *estar*

The following expressions are used with the verb *estar* to state where something is:

encima de	on top of
debajo de	under
al lado de	next to
delante de	in front of
detrás de	behind
entre	between

Whenever you have *de* and *el* together in a sentence, you must combine them to make *del*.

- El póster está encima **de el** armario.
  ↓
  El póster está encima **del** armario.

Note that *entre* is **not** followed by *de* and so this rule is not needed.

Escribir

5 Mira el dormitorio de la actividad 1 y escribe ocho frases para describirlo. Usa preposiciones, colores y otros adjetivos.

Ejemplo: La lámpara pequeña está al lado de la cama azul.

Estrategia

Recycling language

Every week you should try to reuse language you have learnt earlier in the course. For example, when describing a bedroom, mix some new furniture words and prepositions with other language you already know, such as colours, sizes, opinions and intensifiers. Repeating words and expressions helps to store them in your long-term memory.

ochenta y uno 81

4.5 Mi casa de ensueño

Objectives
- Describing your dream home
- Using some basic conditional expressions
- Practising creative writing

Leer

1 Empareja las descripciones (1–6) con los dibujos (a–f).

En mi casa de ensueño habría…

1. una piscina con trampolín.
2. un jardín enorme para jugar al fútbol con mis amigos.
3. una caseta lujosa para mi perro.
4. un estudio moderno para hacer mis deberes.
5. un cine privado.
6. unas vistas impresionantes de la playa.

Gramática   p.89; WB p.45

Using some basic conditional expressions

Using the conditional can make your speaking and writing sound much more impressive. It is like saying 'would' in English.

tener (to have)	tendría (I/it would have)
hay (there is)	habría (there would be)
estar (to be)	estaría (I/it would be)
ser (to be)	sería (I/it would be)
gustar (to like)	me gustaría (I would like)

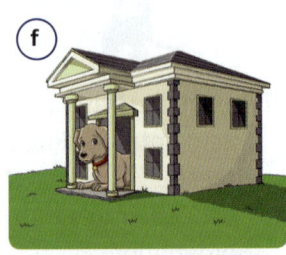

Escuchar

2 Escucha a los cuatro jóvenes y completa el texto con las palabras que faltan.

a Máximo's dream home would have a _____, a big bathroom, and a balcony with views of the _____.

b Amira would like a jacuzzi, a _____ garage and a _____.

c Esperanza's dream home would be bright and very _____. It would have an elegant _____.

d Raúl's ideal home would be a big _____ with kennels for his dogs and a garden to do _____.

82 ochenta y dos

Mi casa

Leer

3 Read the three descriptions and the six statements that follow. Who does each statement refer to: Álex, Santi or Laura?

Álex
Mi casa de ensueño estaría en la Riviera Maya en México. Es muy tropical y hace sol y calor. Tendría una casa al lado de la playa. Habría unas vistas impresionantes desde mi balcón.

Santi
¡Sería fantástico vivir en Menorca! Tendría un castillo lujoso con cine y piscina. En el salón, al lado de la mesa, habría estanterías con muchos libros.

Laura
Me encantaría vivir en La Habana, la capital de Cuba… ¡sería muy divertido! Tendría una casa con plantas exóticas en el jardín.

a   I would like to live in a castle.
b   Nice views are important to me.
c   I would really like a garden.
d   I would like a house right next to the beach.
e   I enjoy reading.
f   I would like to be in a capital city.

Traducir

4 Traduce al inglés los textos de Santi y Laura de la actividad 3.

Escribir

5 Escribe un párrafo que describa tu casa de ensueño. Incluye:
- su ubicación (me gustaría vivir en…)
- lo que tendría (piscina, cine…)
- una descripción de tu dormitorio (habría…)
- una opinión (sería…).

Me gustaría vivir en una casa con una piscina y…

Estrategia

Practising creative writing

The more freedom you have when writing, the more difficult it can be. To make it easier, try to follow these rules:
- Use the examples you are given and generally stick to words and expressions you already know.
- If you use a dictionary, do so carefully and not too often. Avoid online translators.
- Be ambitious, but don't say anything too complicated. You don't have to tell the truth!

Hablar

6 Intenta memorizar tu respuesta a la actividad 5 y da una presentación en tu clase.

ochenta y tres 83

4.6 Ayudo en casa

Objectives
- Describing household tasks
- Saying how many times you do things
- Asking questions effectively

Escuchar

1 Escucha las tareas que hace el pulpo Pedriño (*Pedriño the Octopus*) y reescribe la palabra en negrita (*in bold*) correctamente. Usa las palabras de abajo para ayudarte.

a. paso la **doraaspira**
b. **deorno** mi dormitorio
c. **pngoo** la mesa
d. **itoqu** la mesa
e. lavo los **ptolas**
f. hago la **lacoda**
g. corto el **cedésp**
h. quito el **olpov**

césped · polvo · platos · colada · pongo · aspiradora · ordeno · quito

Aa Gramática

Once, twice, three times

You have already used many adverbs of frequency, such as *siempre* (always), *a veces* (sometimes) and *nunca* (never). To say exactly how many times you do something, you must use:

una vez   al día
dos veces   +   a la semana
tres veces   al mes

una vez al día	once a day
dos veces a la semana	twice a week
tres veces al mes	three times a month
todos los días	every day

2 Listen to Rosana, Lucas and Gema and write in English the two household tasks they each do, and how often they do them.

	Task	How often?
Rosana		

84 ochenta y cuatro

Mi casa

Escribir

3 Contesta las preguntas. ¿Con qué frecuencia haces estas tareas?

Ejemplo: Ordeno mi dormitorio dos veces a la semana.

¿Con qué frecuencia…
- ordenas tu dormitorio?
- pones la mesa?
- quitas la mesa?
- pasas la aspiradora?
- lavas los platos?
- haces la colada?

Hablar

4 Pregunta a dos compañeros/as. ¿Con qué frecuencia hacen las tareas mencionadas?

Estrategia

Asking questions effectively

You have already come across a range of important question words in Spanish. However, the key to asking questions well is the ability to use the *tú* ('you' singular) form of a verb.

Try to write a question in Spanish for each of these verbs in the *tú* form of the present tense.

- ¿Hablas español?   Do you speak Spanish?

| hablar | hacer | ser |
| vivir | jugar | tener |

¡Atención!

If you want to say that you like or dislike certain household tasks, you will need to use the infinitive form of the verb after the opinion.

- Me gusta **ordenar** mi dormitorio.
- Detesto **lavar** los platos.

Leer

5 Read the poem. Which household tasks do each of the following people do?

a Dad (**two** tasks)
b Mum (**two** tasks)
c brother
d the narrator

Las tareas de casa

En mi casa los trabajos
están muy bien repartidos:
un día mi papá plancha
y mi mamá hace el cocido,
otro ella lava la ropa
mientras él friega los platos.
Mi hermano va a por el pan
y yo limpio mis zapatos.
Así las tareas de casa
las hacemos entre todos.
Cada uno como sabe
y nunca de malos modos.

Julián Alonso

planchar	to iron
el cocido	stew
fregar los platos	to wash the dishes
limpiar los zapatos	to clean/polish the shoes
de malos modos	in a bad way

Escribir

6 Escribe un párrafo sobre lo que haces para ayudar en casa. Da tu opinión sobre al menos tres tareas.

ochenta y cinco 85

4.7

¡Zona cultura!
Las Islas Canarias

Las siete islas Canarias son una de las 17 regiones de España. Son muy diferentes al resto del país. Tienen un clima tropical y una naturaleza impresionante y diversa.

¿Cómo se llaman?

De derecha a izquierda tenemos Lanzarote, Fuerteventura, Gran Canaria, Tenerife, La Gomera, El Hierro y La Palma. Las ciudades más grandes se llaman Las Palmas de Gran Canaria y Santa Cruz de Tenerife. Hay mucho turismo porque hace sol y calor casi todo el año.

Naturaleza y gastronomía

El Teide es un volcán activo en la isla de Tenerife. También es la montaña más alta de España porque mide 3.718 metros. ¡Es super enorme!

La naturaleza isleña es muy dramática. Hay dunas, desiertos, una costa excelente y montañas verdes.

La comida típica es deliciosa: las 'papas arrugás' son patatas pequeñas especiales en las islas. También hay deliciosa fruta fresca: papayas, plátanos, piñas además de muchas flores de colores.

plátanos	bananas
piñas	pineapples

Leer

1 ¡Anagramas! Pon las letras de las Islas Canarias en el orden correcto.

Ejemplo: al meroGa – La Gomera

a infereTe
b narG aCarian
c lE Horier
d zanteorLa
e aL laPma
f aventureFetur

2 Read the profile of the Canary Islands and answer the questions in English.

a Why is there so much tourism on the islands?
b What is El Teide?
c How tall is it?
d How is the coast described?
e What sort of fruit is grown on the islands?

The volcanic soils of the Canary Islands are perfect for growing *papas arrugás* ('wrinkly potatoes'). Often served with *mojo rojo*, a spicy sauce, they are delicious!

Escribir

3 Selecciona una isla Canaria, luego busca en Internet información y toma notas breves en español sobre:

- los sitios más importantes
- la naturaleza
- el clima
- la comida.

The legend of Gara and Jonay

Garajonay National Park on the island of La Gomera was declared as a World Heritage Site by UNESCO in 1986. But why is it called Garajonay?

Leer

4 Read the text and write a summary in English explaining why the National Park in La Gomera is called Garajonay.

Mention:
- who Gara and Jonay were
- where they went and why
- the consequences of this.

Gara, una chica de la isla de La Gomera, es la princesa del agua. Un día, Jonay, un chico guapo de la isla de Tenerife, la isla del fuego, se enamoró de Gara. Su amor era complicado porque el agua y el fuego son incompatibles.

Esta leyenda trata de que nada es imposible. Gara y Jonay escaparon a una montaña para estar juntos. Como consecuencia, El Teide, el volcán de Tenerife, se enfadó mucho y entró en erupción.

se enamoró de	fell in love with
se enfadó mucho	became very angry

Hablar

5 En clase, haz una presentación sobre la isla que has investigado. ¿Cuál es tu opinión sobre la isla?

Carnival in Santa Cruz de Tenerife and Las Palmas de Gran Canaria

These two cities celebrate carnival in style every February. Carnival is an old festival: a celebration to mark the end of winter.

Escuchar

6 Escucha estas declaraciones (1–5) sobre el Carnaval de Tenerife y emparéjalas con las fotos (a–e).

las vacaciones	holidays
los disfraces	fancy dress costumes
la Reina del Carnaval	Carnival Queen

Mi casa

4.8 Labo-lengua

Gramática

Basic use of *ser* and *estar*

ser	to be
soy	I am
eres	you (sing) are
es	he/she/it is
somos	we are
sois	you (pl) are
son	they are

estar	to be
estoy	I am
estás	you (sing) are
está	he/she/it is
estamos	we are
estáis	you (pl) are
están	they are

Ser and *estar* both mean 'to be' in English, but they are used in very different ways.

Ser is used for general descriptions:
- Madrid **es** una ciudad grande.
- Mis hermanos **son** altos y simpáticos.

Estar is used for location and position:
- Marbella y Málaga **están** en el sur de España.
- La lámpara **está** encima de la mesa.

1 Read each sentence and choose between *ser* and *estar*.

a Mis padres **son/están** muy jóvenes.
b Vivo en un pueblo de Argentina. **Es/Está** en el norte.
c La capital de mi país **está/es** en el suroeste.
d Mi casa **está/es** grande, limpia y luminosa.
e Los apartamentos **son/están** a las afueras de la ciudad.
f Detesto vivir en Logroño porque no **está/es** ni moderna, ni histórica.

Gramática

The definite article

In Spanish, 'the' can be said in four different ways.

	masculine	feminine
singular	el	la
plural	los	las

el salón — **the** living room
la cocina — **the** kitchen
los dormitorios — **the** bedrooms
las escaleras — **the** stairs

When talking about things in a more general sense, the definite article is still used in Spanish, even though it is not used in English.

- **El** ajedrez es fácil.
  Chess is easy.
- **Los** pueblos son más tranquilos que **las** ciudades.
  Towns are quieter than cities.

2 Complete the phrases using the correct definite article: *el*, *la*, *los* or *las*.

a Vivo en ___ montaña.
b ___ pisos son muy pequeños.
c ¿Dónde está ___ playa?
d ___ amigos de Pepe viven en Oviedo.
e Vivo en ___ sur de Alicante.

3 Translate the sentences into English.

a El marrón es un color aburrido.
b El fútbol es un deporte divertido.
c La casa de mis abuelos es muy grande.
d El ajedrez es mi pasatiempo favorito.
e Los videojuegos son muy entretenidos.

Mi casa

Gramática

Prepositions of place with *estar*

In this unit you have seen several prepositions of place and used them with the verb *estar*:

encima de	on top of
debajo de	under
al lado de	next to
delante de	in front of
detrás de	behind
entre	between

Remember! *de* + *el* = *del*

4 Unscramble and rewrite the sentences. Look at the clues (*las pistas*) in English in the box below to help you.

a al lado de – está – la lámpara – el armario
b la estantería – está – la cama – delante de
c el ordenador – entre – y – el espejo – la ventana – está
d está – debajo de – la mesa – el cuaderno
e la mesa – está – detrás de – el póster

Las pistas:

a wardrobe – next to – lamp
b shelves – in front of – bed
c window – between – mirror – computer
d exercise book – under – table
e poster – behind – table

Gramática

Using some basic conditional expressions

The conditional is translated as 'would' in English. The following expressions can improve the quality of your spoken and written Spanish. Note that they all have the same *–ía* ending.

tener (to have)	tend**ría** (I/he/she/it would have)
hay (there is)	hab**ría** (there would be)
estar (to be – for position)	esta**ría** (I/he/she/it would be)
ser (to be – for general description)	se**ría** (I/he/she/it would be)
gustar (to like)	me gusta**ría** (I would like)

5 Rewrite each sentence by changing the verb in bold to a more appropriate conditional verb.

a Mi casa de ensueño **tendría** moderna y muy grande.
b En mi dormitorio ideal, mi cama **sería** delante de la mesa.
c En el futuro, **estaría** vivir en una casa con un jardín muy grande.
d En mi piso ideal, **estaría** tres dormitorios y dos aseos.
e No **tendría** vivir en un chalet en la montaña. ¡Qué frío!

Pronunciación: ll

The 'll' sound in Spanish is like the 'y' in 'yes'. Try saying the following words:

llegar   *pollo*
me llamo   *ellos*

Note that you may also hear many Spanish speakers pronounce it more like the 'j' in 'jump'!

6 Try saying the following: 'Sobre la llanura las llamas corren sin cesar, tantas llamas corren sobre la llanura y no dejan de llegar.'

4.9 El podio de los campeones

Bronce

1 Read the opinions about household tasks and decide if each one is positive (P), negative (N) or positive and negative (P+N).

> En mi opinión, ordenar mi dormitorio es difícil y bastante aburrido. Lo ordeno tres veces a la semana. **Felipe**

> A veces quito el polvo. Es muy fácil y nunca es aburrido porque es posible escuchar música en el salón. **Gabriela**

> Lavo los platos con mi hermanastra todos los días. No es una tarea muy divertida. ¡No me interesa mucho! **Hernán**

> Corto el césped dos veces al mes. No me gusta mucho si llueve, pero es una tarea importante y en mi opinión, es bastante relajante. **Inés**

2 Read the four opinions in activity 1 again and write the correct information.

	Task	Frequency
Felipe	Tidy room	Three times a week
Gabriela		
Hernán		
Inés		

3 Do you help at home? Write at least 40 words about household tasks in Spanish. You must include the words in the box.

> corto el césped
> porque
> ordeno mi dormitorio
> si hace sol
> difícil
> pongo la mesa
> dos veces a la semana
> aburrido
> nunca

Plata

4 Lee los tweets de cuatro estudiantes y decide si las frases son verdaderas (V), falsas (F) o no mencionadas (NM).
Read four students' tweets and decide if each sentence is true, false or not mentioned.

> @Rebe04: ¡Me gustaría vivir a las afueras de Alicante, en un piso moderno y cómodo al lado de la playa! ¡Alicante es súper guay!
>
> @michi0505: Cuando tenía ocho años, vivía en Bogotá. Es una ciudad dinámica, pero prefiero la tranquilidad del campo.
>
> @donsancho88: Mi pueblo está en la montaña. Vivo en un chalet con mis padres. Es un lugar bonito, pero muy aburrido.
>
> @Princesa: Me encanta Madrid cuando hace sol. Vivo en el centro, en un piso lujoso.

a @Rebe04 vive en Alicante.
b En Alicante hace mucho sol.
c @michi0505 tiene ocho años.
d Bogotá es más tranquila que el campo.
e @donsancho88 vive en la montaña.
f El pueblo de @donsancho88 no es interesante.
g @Princesa no vive a las afueras.

5 Lee los tweets de @Rebe04 y @michi0505 otra vez. Tradúcelos al inglés.
Read @Rebe04 and @michi0505's tweets again. Translate them into English.

6 Traduce este texto al español.
Translate this text into Spanish.

I live in a small house in a modern city in the north of Argentina. I like my house because it is very comfortable, however, it is not luxurious. I would like to live in a more spacious house in the countryside with my Mum, Dad, sister and cat. It would be excellent!

90 noventa

Mi casa

Oro

7 📖 Lee el email de Raquel a su prima Juanita. Contesta las preguntas.

Hola Juanita,

Estoy de vacaciones en Los Ángeles. ¡Es una ciudad fascinante! Es ideal porque hay comunidades donde muchas personas hablan español como yo, y también me encantan las playas porque son muy largas y bonitas. Me encantaría vivir aquí en el futuro. Mi casa de ensueño estaría en la playa y así tendría vistas al Océano Pacífico. Sería una mansión enorme y moderna. ¡En el jardín habría una piscina infinita! Además, mi dormitorio tendría pinturas de artistas famosos como Picasso y Dalí. En el comedor habría una mesa para doce personas.

¡Esta noche voy a jugar a la lotería!

Saludos,

Raquel

a Why does Raquel feel happy in Los Angeles? (**two** details)
b Why would she like her dream house to be located by the beach?
c What outdoor facility would her house have?
d What would there be in her bedroom?
e What would there be in the dining room?
f Do you think Raquel is likely to get her dream house? Why?

8 ✏️ Describe tu casa. Menciona:
- una opinión sobre tu casa (Justifica tu opinión.)
- lo que hay en tu dormitorio (Usa preposiciones de lugar.)
- cómo sería tu dormitorio de ensueño.

⬆ ¡Arriba, arriba!

It is important to try to use verbs in different tenses in your speaking and writing. This means learning certain words such as *me gustaría*, *era*, *habría*, etc. Pay particular attention to them when they appear in a unit – they are a great way of accessing higher marks, including at GCSE level.

noventa y uno **91**

4.10

¡Demuestra lo que sabes!

🎧 Escuchar

1 Escucha la conversación entre Virginia y Eduardo, luego completa las frases, seleccionando la opción correcta.

1 Eduardo vive en…
  b el campo   c la ciudad   d la playa

2 La aldea donde vive Virginia es…
  a una casa   b muy bonita   c pequeña

3 El piso de Eduardo es…
  a cómodo   b muy moderno   c muy malo

4 Virginia vive en…
  a un piso tradicional   b una casa espaciosa   c un chalet cómodo

5 El problema con el dormitorio de Virginia es que
  a a veces está frío   b es bastante espacioso   c no me gusta

📖 Leer

2 Lee la descripción de la casa de ensueño de Alicia, una chica colombiana, y escribe en español la expresión correcta.

a heated pool
b next to the house
c for my cars
d views of the beach
e my fish
f the most important thing

3 Lee la descripción otra vez, y contesta las preguntas en español.

a ¿Qué tipo de casa de ensueño tendría Alicia?
b ¿Dónde está Cartagena?
c ¿Qué habría en el jardín?
d ¿Dónde estaría el garaje?
e ¿Cómo sería la cama de Alicia?
f ¿Cuántos peces tendría Alicia en su acuario?
g ¿Qué actividad haría Alicia en el salón?

> En mi imaginación, mi casa de ensueño sería una mansión espectacular. Primero, estaría situada en Cartagena, al norte del país. Tendría un jardín enorme con una piscina climatizada. Además, al lado de la casa habría un garaje enorme para mis coches. Mi dormitorio tendría un balcón con vistas a la playa, una cama extremadamente cómoda y un acuario muy grande para mis peces (¡tendría cien en total!). Lo más importante sería el salón: tendría una televisión gigantesca y jugaría videojuegos allí con mis amigos todos los días.

💬 Hablar

4 Haz una presentación sobre las tareas que haces en casa. Incluye:
- al menos **seis** tareas
- al menos **tres** usos de frecuencia
- tu opinión sobre al menos **dos** tareas.

✦ Traducir

5 Traduce las frases al español.
a I clear the table every day.
b Once a week, I wash the dishes with my sister.
c I lay the table in the dining room three times a week.
d In my house, I hoover but I never dust. It is very boring!
e I would like a small house. It would be easier to tidy my room!

4.11

Mi casa

Mi lista de logros

I can...

4.1 Donde vivo yo

- ☐ describe the area where people live
- ☐ use compass points
- ☐ explain when to use *está* instead of *es*
- ☐ use strategies to work out the meaning of new words

- *vivo en una aldea, un pueblo, en la montaña...*
- *norte, sur, este, oeste...*
- *está en la playa, es grande*
- context, cognates, dictionary

4.2 Mi casa es tu casa

- ☐ name different types of house
- ☐ use new adjectives to describe a home
- ☐ conjugate the verb *vivir* in the present tense
- ☐ check my work and avoid common errors

- *vivo en un piso, un chalet...*
- *espacioso, lujoso, moderno...*
- *vivo, vives, vive...*
- word order, agreements, verb endings

4.3 ¡Pasa, pasa a mi casa!

- ☐ name lots of rooms in the house
- ☐ understand how to use the definite article
- ☐ use *vivir* in the 'I' form in two different tenses
- ☐ use a bilingual dictionary confidently

- *el salón, el comedor, la cocina...*
- *el pasillo, la escalera, los dormitorios*
- *vivía, me gustaría vivir*
- check gender and plural forms, multiple meanings

4.4 Mi habitación es mi reino

- ☐ name many different types of bedroom furniture
- ☐ use and understand prepositions of place
- ☐ create complex sentences to describe my bedroom
- ☐ reuse language from previous units in my descriptions

- *la lámpara, la cama, el armario...*
- *encima de, debajo de, al lado de...*
- *La cama roja está delante de la ventana pequeña.*
- *a veces, nunca, muy, bastante, me gusta porque...*

4.5 Mi casa de ensueño

- ☐ describe some luxury home facilities
- ☐ use some key verbs in the 'I' form of the conditional
- ☐ apply some of the key skills required for creative writing
- ☐ write a detailed paragraph about my ideal home

- *una piscina enorme, un cine privado...*
- *sería, tendría, habría...*
- control, recycle language, limited dictionary use
- *me gustaría vivir en...*

4.6 Ayudo en casa

- ☐ name a range of household tasks in the 'I' form
- ☐ say how often I do these tasks
- ☐ ask questions effectively using the *tú* form
- ☐ understand a poem about household tasks

- *paso la aspiradora, ordeno mi dormitorio...*
- *una vez, dos veces al día, a la semana, al mes*
- *¿Dónde vives?*
- *En mi casa los trabajos...*

noventa y tres **93**

Vocabulario

4.1 Donde vivo yo
Where I live

antiguo/a	old
histórico/a	historic
moderno/a	modern
las afueras	outskirts
la aldea	village
el campo	countryside
el centro	centre
la ciudad	city
la costa	coast
el desierto	desert
la isla	island
el mar	sea
la montaña	mountain(s)
la playa	beach
el pueblo	town
vivir	to live
la zona	area
la brújula	compass
el este	east
el noreste	northeast
el noroeste	northwest
el norte	north
el oeste	west
los puntos cardinales	compass points
el sur	south
el sureste	southeast
el suroeste	southwest

4.2 Mi casa es tu casa
My house is your house

el apartamento	apartment
el área	area
el bloque	block
la caravana	caravan
la casa	house
la casa de campo	country house
el castillo	castle
el chalet	villa
la granja	farm
el piso	flat
el rascacielos	skyscraper
la región	region
la vista	view
bonito/a	pretty
cómodo/a	comfortable
espacioso/a	spacious
lujoso/a	luxurious
nuevo/a	new
viejo/a	old

4.3 ¡Pasa, pasa a mi casa!
Come in, come in to my house!

las habitaciones	rooms
abajo	downstairs
afuera	outside
arriba	upstairs
el aseo	toilet
el ático	attic
el balcón	balcony
el baño	bathroom
la cocina	kitchen
el comedor	dining room
el dormitorio	bedroom
las escaleras	stairs
el garaje	garage
el jardín	garden
el pasillo	hall, corridor
el salón	living room
situarse en	to be located in
el trastero	storage room
vender	to sell

Mi casa

4.4 Mi habitación es mi reino
My bedroom is my kingdom

los muebles	furniture
el armario	wardrobe
la cama	bed
el espejo	mirror
la estantería	shelves, bookcase
la lámpara	lamp
la mesa	table
el ordenador	computer
el póster	poster
la silla	chair
la ventana	window
al lado de	next to
debajo de	underneath
delante de	in front of
detrás de	behind
encima de	on top of
entre	between

4.5 Mi casa de ensueño
My dream house

enorme	enormous
exótico/a	exotic
impresionante	impressive
luminoso/a	bright
privado/a	private
la caseta	kennel
el cine	cinema
el estudio	study
la piscina	swimming pool
el trampolín	diving board
la ubicación	location
estaría	I/it would be
habría	there would be
me gustaría	I would like
sería	I/it would be
tendría	I/it would have

4.6 Ayudo en casa
I help at home

las tareas domésticas	household tasks/chores
los trabajos	jobs
corto el césped	I mow the lawn
hago la colada	I do the washing
lavo/friego los platos	I wash the dishes
ordeno mi dormitorio	I tidy my room
paso la aspiradora	I do the hoovering
pongo la mesa	I lay the table
quito el polvo	I dust
quito la mesa	I clear the table
plancho la ropa	I iron
una vez	once
dos veces	twice
al día	per day
a la semana	per week
al mes	per month
todos los días	every day
fregar	to wash
hacer	to do
limpiar	to clean
planchar	to iron
repartir	to share
fácil	easy
horrible	horrible
perezoso/a	lazy
relajante	relaxing

You'll find more useful vocabulary on pages 6–7 and in the glossary at the back of this book.

5.1 De paseo por mi ciudad

Objectives
- Talking about places in town
- Using *hay* with singular and plural nouns
- Translating into Spanish

🎧 Escuchar

1 Escucha los sonidos (*sounds*) típicos de seis lugares (*places*) (1–6) y emparéjalos con los dibujos apropiados (a–h).

- a  una biblioteca
- b  una tienda de ropa
- c  un parque
- d 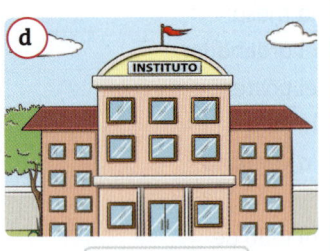 un instituto
- e  un estadio
- f 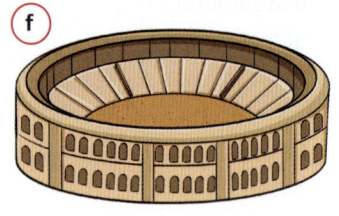 una plaza de toros
- g  un supermercado
- h  una estación de tren

¡Cultura!

Most Spanish towns and cities have a bullring. As well as bullfighting, they are also used for other large-scale events like music concerts. The biggest bullring in the world is in Mexico City with more than 40,000 seats!

🎧 Escuchar

2 Escucha y pon estos lugares en el orden correcto (1–8). También escribe su significado en inglés. Presta atención a la pronunciación.

Ejemplo: 1 e – bank

- a un hospital
- b una catedral
- c un hotel
- d un cine
- e un banco
- f un museo
- g un restaurante
- h una mezquita

restaurant · bank · hotel · hospital · cinema · museum · cathedral · mosque

💬 Hablar

3 Con un(a) compañero/a, practica la pronunciación de los lugares de la actividad 2.

96 noventa y seis

En mi ciudad

Leer

4 Read Gerardo's description of Valdepeñas, then read the sentences (a–h). Choose the five correct sentences according to the text.

Soy Gerardo. Vivo en un pueblo grande del centro de España que se llama Valdepeñas. ¡Me encanta Valdepeñas porque es muy bonito y tradicional! En Valdepeñas hay un estadio de fútbol, dos hospitales modernos, un parque, tres bibliotecas, una mezquita bastante grande, muchas tiendas de ropa y un instituto que se llama Instituto Pablo Picasso. ¡Ah! No hay plaza de toros, ¡pero hay un cine muy cómodo!

a Valdepeñas is a big city.
b It is in the centre of Spain.
c It is pretty and traditional.
d It has two libraries.
e The mosque is quite big.
f The school is named after an artist.
g Valdepeñas has a bullring.
h The cinema is comfortable.

Gramática
p.110; WB p.54

Hay

Hay is a very useful word that is used with singular or plural nouns. It means both 'there is' and 'there are'.

- En mi ciudad hay una estación de tren.
- En mi casa hay tres dormitorios.

The *un/una* is often missed out when *no hay* is used:

- No hay estadio.

Note that *hay* differs in meaning from *tiene* ('he/she/it has') and *es* ('he/she/it is').

Escuchar

5 Listen to Gloria and Fernando describe where they live. Decide if each of the sentences (a–h) relates to Gloria (G) or Fernando (F).

a I live in a small village.
b There is a wonderful beach.
c There are two football stadiums.
d I live in the north west of my country.
e There is a big library.
f There are clothes shops.
g There is a bullring.
h I live in a pretty village.

Traducir

6 Lee el párrafo sobre Tegucigalpa, la capital de Honduras. Tradúcelo (*translate it*) al español.

Tegucigalpa is an important and big city. The centre is very historic, with parks, libraries and fourteen museums. There are also modern restaurants and hotels. It has a cathedral that is called San Miguel, four hospitals and six stadiums.

Estrategia

Translating into Spanish

Unless you are in an exam, the most important thing to remember when translating into Spanish is to use your book carefully. Find the right vocabulary, check for any expressions you may have already seen and be careful with word order and agreements. Check your writing as you go along and also when you have finished.

Escribir

7 Escribe una descripción de tu pueblo o ciudad. Usa el texto de Gerardo (actividad 4) como ayuda.

5.2 Por eso voy allí

Objectives
- Describing where you go in town
- Using *ir* in the present tense
- Learning infinitives

🎧 Escuchar

1 Escucha las frases (1–8) y escribe la letra correcta (a–h).

a, b, c, d, e, f, g, h

2 Escucha otra vez y mira la lista de infinitivos. ¿Qué significan en inglés?

pasear · comprar · ver · visitar
leer · viajar · apoyar · estudiar

⚙️ Estrategia

Learning infinitives

The infinitive form of a verb (e.g *hablar*, *leer*, *escribir*) is really useful. Not only can you use it easily with opinions, you can also transform it into lots of new words just by changing its ending. Make a note of any new infinitives you see and learn them carefully. Watch out for irregular verbs! Also, remember that some infinitives are from the same family and so follow the same pattern, e.g. *escribir* and *describir*.

🎧 Escuchar

3 Listen to five young people (a–e) talk about where they are going and why. Complete the table in English with the place that is mentioned, the person (I, you, he/she, we, you, they) who is going there, and the reason they are going.

	Where?	Who?	Why?
a		they	

❗ ¡Atención!

The word *para* means 'for' in Spanish, but you can also place it before an infinitive to mean 'to' or 'in order to'. In these examples, you cannot use the infinitive on its own.

- *Voy al parque **para** jugar al fútbol.* I am going to the park to play football.
- *Mi amigo está en Barcelona **para** visitar a su primo.* My friend is in Barcelona to visit his cousin.

98 noventa y ocho

En mi ciudad

Hablar

4 ¿Adónde vas y por qué? Habla con un(a) compañero/a.

Ejemplo: park – play football
- ¿Adónde vas?
- Voy al **parque** para **jugar al fútbol**.

a train station – visit uncle
b school – read and write
c sports centre – practise swimming

Aa Gramática
p.110; WB p.55

Ir in the present tense

Ir is one of the most frequently used verbs in Spanish. It is irregular in the present tense.

ir	to go
voy	I go
vas	you (sing) go
va	he/she/it goes

vamos	we go
vais	you (pl) go
van	they go

Escribir

5 Completa estas tres frases con la forma correcta del verbo *ir* e información extra como en el ejemplo.

Ejemplo: Voy al cine para ver una película.

a Mi hermana…
b Mi amigo y yo…
c Mis padres…

Leer

6 Lee sobre las actividades que se pueden hacer en los pueblos de Sara y Petra, luego decide si las frases (a–f) son verdaderas (V), falsas (F), o no mencionadas (NM).

Ejemplo: Cobán está situado en el centro de Guatemala. V

a En Cobán hay muchos monumentos.
b Sara va a la catedral los fines de semana.
c El parque nacional en Cobán es bastante pequeño.
d Chalchuapa es un pueblo feo.
e Hay arte en el museo de Chalchuapa.
f Las ruinas Mayas son un poco aburridas.

Sara

Vivo en un pueblo grande del centro de Guatemala que se llama Cobán. Me encanta mi pueblo porque es antiguo y monumental. Mi sitio favorito es la catedral; siempre voy con mi tía Paula los domingos por la mañana. Mis padres prefieren ir al parque nacional Las Victorias para ver animales. Además, en Cobán la biblioteca es enorme y tiene muchos libros; mis amigas siempre van para leer novelas románticas.

Petra

Yo vivo en un pueblo pequeño en el oeste de El Salvador que se llama Chalchuapa. Me fascina mi pueblo porque es único y bonito. En Chalchuapa hay un museo famoso y mis padres van para ver arte local. En mi pueblo también hay unas ruinas mayas. Me gusta ir allí porque son tan impresionantes e interesantes.

Traducir

7 Translate Petra's paragraph in activity 6 into English.

noventa y nueve 99

5.3

¡Sigue todo recto!

Objectives
- Giving and understanding directions
- Using the imperative
- Trying repair strategies when speaking

🎧 Escuchar

1 Escucha estas direcciones y empareja los números (1–6) con las letras correctas (a–f).

¿Por dónde se va...?

1. Toma la primera...
2. Toma la...
3. Toma la tercera a la...
4. Sigue todo...
5. Tuerce a...
6. Tuerce a la...

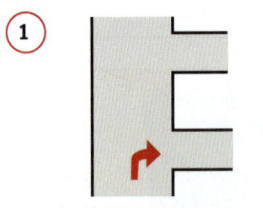

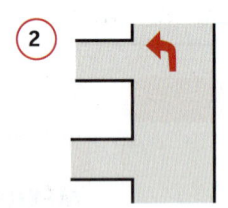

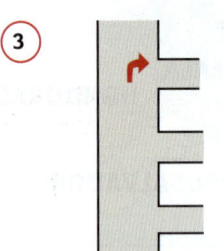

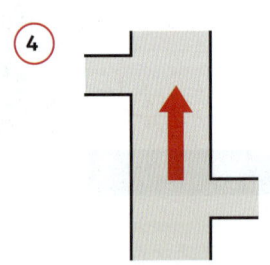

- a recto
- b segunda a la izquierda
- c a la derecha
- d derecha
- e la derecha
- f izquierda

ℹ️ ¡Cultura!

Traffic signs are quite universal and it is common to see STOP signs throughout the world. However, in Latin America signs are often translated into Spanish, so instead of STOP you will see PARE or ALTO.

Patrones y reglas

You have already come across the structure *ir a* ('to go to'). Note that if the noun that follows the *a* is masculine singular, you must combine the *a* and *el* to make *al*.

- *Voy **al** estadio.*
  I am going/I go to the stadium.
- *Vamos **al** supermercado.*
  We are going/We go to the supermarket.
- *¿Por dónde se va **al** hospital?*
  How do I get to the hospital?

💬 Hablar

2 Mira los escenarios (a–c) y con tu compañero/a, practicad las conversaciones.

Ejemplo: Library? – Straight on
- Perdona, ¿por dónde se va **a la biblioteca**?
- ¡Hola! Pues... **sigue todo recto**.
- ¡Muchas gracias!
- ¡De nada!

- a Train station? – Third right
- b Mosque? – Second left
- c Football stadium? – Straight on and first right

⚙️ Estrategia

Repair strategies when speaking

When you are put on the spot, like when asking or giving directions, it is important not to panic. Use fillers such as *pues*, *es que* or *bueno* ('well...') and if you can't translate exactly what you would like to say, try to find a different way of saying it. Be as flexible as possible!

En mi ciudad

📖 Leer

3 Lee la conversación entre Ana y Sadiq. Pon las frases (a–g) en el orden correcto.

a Ana: ¡Qué bien! ¿Por dónde se va a la biblioteca?
b Sadiq: Tuerce a la izquierda y toma la tercera a la derecha.
c Sadiq: ¡Hola Ana! ¿El parque central? ¡Es muy fácil! Sigue todo recto y toma la segunda a la derecha.
d Ana: ¡Sadiq, eres un experto en direcciones! ¡Adiós!
e Sadiq: Sí, hay una biblioteca muy moderna y grande en el centro.
f Ana: ¡Hola Sadiq! ¿Por dónde se va al parque central?
g Ana: Gracias, Sadiq. También mi pasatiempo favorito es leer libros. ¿Hay una biblioteca?

📖 Leer

4 Lee la conversación (actividad 3) otra vez y contesta las preguntas en español.

a ¿Por dónde se va al parque?
b ¿Cuál es el pasatiempo preferido de Ana?
c ¿Cómo es la biblioteca? (**dos** detalles)
d ¿Por dónde se va a la biblioteca?

Aa Gramática
p.111; WB p.56

Using the imperative

The imperative is a command, the most common of which is formed by using the third-person singular of the present tense.

- ¡Toma! Take!
- ¡Habla! Speak!
- ¡Escucha! Listen!
- ¡Escribe! Write!

See page 111 for some common irregulars.

🎧 Escuchar

5 Listen to the directions given in each dialogue (1–3) and look at the map. Starting at the red arrow, where does each person go to? Write the correct letter.

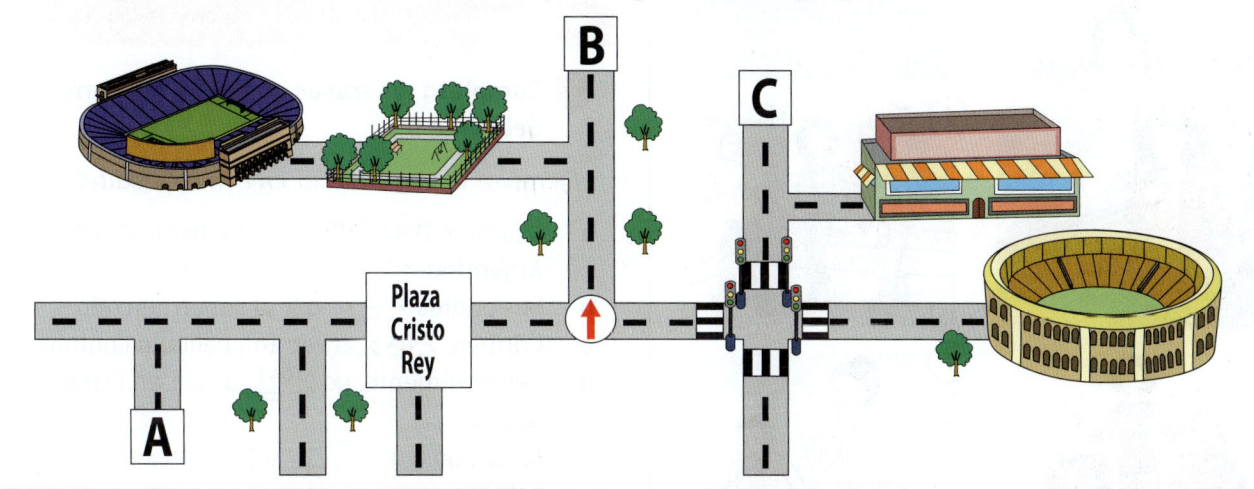

💬 Hablar

6 Con tu compañero/a, haced preguntas y respuestas sobre las direcciones para llegar a estos sitios.

Ejemplo: ¿Por dónde se va al supermercado?

a la plaza de toros
b el estadio

✏️ Escribir

7 Escribe direcciones falsas para dos lugares del mapa. Cámbialas con un(a) compañero/a que corrija las direcciones.

ciento uno 101

5.4 Planes para el finde

Objectives
- Discussing plans for the weekend
- Forming the near future
- Finding and using synonyms

Leer

1 Lee los planes de Kariñe (1–8) y emparéjalos con los dibujos correctos (a–h).

> Kariñe, ¿qué vas a hacer este fin de semana?

> Pues... este finde voy a...

1. ir al centro con mis amigos
2. ir de compras
3. ver una exposición de arte en el museo
4. bailar en la discoteca
5. practicar judo con mi hermano menor
6. viajar en tren hasta Bilbao
7. cantar en el coro de mi pueblo
8. nadar en el mar

Gramática

p.111; WB p.57

Forming the near future

By using the verb *ir* and following it with the preposition *a* and an infinitive, you can say what you or others are *going* to do.

voy		
vas		
va	+ a	+ infinitive
vamos		
vais		
van		

- *Voy a visitar a mi primo.*
  I am going to visit my cousin.
- *Van a escuchar música.*
  They are going to listen to music.

Escribir

2 Completa las frases con la forma correcta del verbo *ir*.

*Ejemplo: Yo **voy** a nadar en el mar mediterráneo.*

a Mi primo Diego **va** a practicar equitación en Argentina.
b Mis padres **van** a ir al supermercado.
c Carmen, ¿**vas** a ver una película conmigo?
d Personalmente, yo **voy** a vivir en España en el futuro.
e Mi amigo y yo **voy** a tener trece años en octubre.

Traducir

3 Traduce las frases de la actividad 2 al inglés.

En mi ciudad

🎧 Escuchar

4 Listen to Casilda discussing her plans for the weekend. Complete the table in English with the correct information.

	Activity	Who with	Opinion
a	go to the park	grandparents	relaxing

📖 Leer

5 Lee la promoción turística sobre La Habana, luego empareja los números (1–5) con las letras (a–e).

1 La Habana es…
2 El viernes Camila va a…
3 Camila y sus amigas…
4 En el Museo de la Revolución…
5 El domingo…

a hay una exposición de arte.
b van a comer en un restaurante tradicional.
c cantar en un concierto.
d Camila viaja al sur de la ciudad.
e una ciudad tropical.

¡Visita la fantástica capital de Cuba!

"Nací en La Habana, una ciudad tropical del Caribe. Este fin de semana voy a visitar La Habana vieja: es mi parte favorita de la ciudad. El viernes voy a cantar en un concierto con el coro cubano. Luego, mis amigas y yo vamos a comer en un restaurante tradicional y bailar salsa. ¡Va a ser la pera!

El sábado por la tarde, voy a ver una exposición de arte cubano fuera del Museo de la Revolución. Va a ser excelente porque siempre hace buen tiempo. Finalmente, el domingo voy a viajar al sur de la ciudad para ver una película en el cine."

Camila Cabello

6 Lee el texto otra vez y busca un sinónimo de estos adjetivos.

a antigua
b preferida
c típico
d magnífica

⚙️ Estrategia

Finding and using synonyms

A synonym is a word that means the same as another word, e.g. *grande* and *enorme*. Using synonyms helps you avoid repetition when speaking or writing, and so makes your work more interesting and impressive. Many online bilingual dictionaries suggest synonyms.

✏️ Escribir

7 Escribe un párrafo que describa tus planes para el fin de semana. Menciona:

- al menos **cinco** actividades
- los días cuando vas a hacer las actividades
- tu opinión sobre **tres** de estas actividades
- dos personas que vayan a acompañarte.

Ejemplo: El sábado, voy a ir al parque con mi amigo Pepe. ¡Va a ser fantástico! Luego…

💬 Hablar

8 Haz una presentación en clase sobre lo que vas a hacer este fin de semana. Usa tu respuesta de la actividad 7.

ciento tres **103**

5.5 ¿En la ciudad o en el campo?

Objectives
- Comparing rural and urban environments
- Using the comparatives *tan* and *tan... como*
- Answering questions on a reading passage

Escuchar

1 Escucha las opiniones (a–f) y decide si hablan del campo o de la ciudad.

2 Escucha otra vez. ¿Qué significan estas palabras o expresiones (1–6)? Empareja el español con el inglés (a–f).

1. el ruido del tráfico
2. la naturaleza
3. el aire puro
4. menos peligroso
5. hay mucho que hacer
6. el sistema de transporte

a. less dangerous
b. transport network
c. there is a lot to do
d. traffic noise
e. nature
f. fresh air

Gramática

Using the comparatives *tan* and *tan... como*

You have already come across *más* (more) and *menos* (less).

Tan means 'so' when used on its own:
- *la casa es **tan** grande*
  the house is so big

But the structure *tan... como* means 'as... as':
- *El campo es **tan** interesante **como** la ciudad.*
  The countryside is as interesting as the city.

Leer

3 Lee las frases sobre el campo y la ciudad (1–5). Emparéjalas con los dibujos correctos (a–e).

1. Prefiero vivir en el campo porque hay más paz y tranquilidad, y menos contaminación.
2. Detesto la vida en la naturaleza porque tengo alergia a muchas plantas.
3. Los servicios públicos de la ciudad son buenos y muy convenientes: el hospital, la policía...
4. Me gusta mucho la ciudad. La vida es rápida y hay mucha cultura.
5. No me gusta nada la ciudad porque es demasiado impersonal, estresante y complicada.

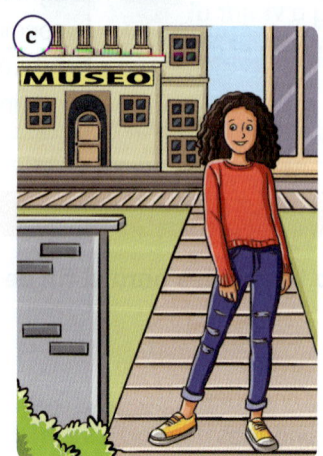

104 ciento cuatro

En mi ciudad

🎧 Escuchar

4 〰️ Escucha a estos cinco jóvenes (a–e) y decide si cada opinión sobre el campo es positiva (P), negativa (N) o positiva y negativa (P+N).

📖 Leer

5 Lee los perfiles de dos chicos argentinos y contesta las preguntas en español.

RODRIGO
Información personal: trece años, dos hermanos y una hermana. Ojos verdes, pelo corto. Color favorito: amarillo. Deporte favorito: baloncesto.

Dirección: 23 Avenida Pinedo, Buenos Aires, Argentina

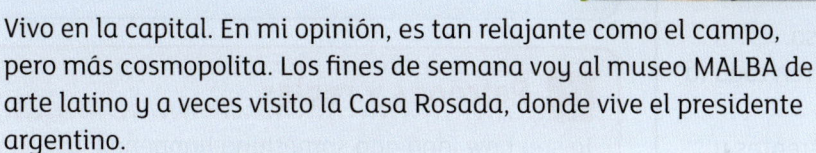

Vivo en la capital. En mi opinión, es tan relajante como el campo, pero más cosmopolita. Los fines de semana voy al museo MALBA de arte latino y a veces visito la Casa Rosada, donde vive el presidente argentino.

ROSALINDA
Información personal: catorce años, hija única. Ojos azules y pelo largo y rubio. Color favorito: azul. Deporte favorito: rugby.

Dirección: 3 calle Alberdi, Alpachiri, La Pampa

Vivo en una región de campo y montañas muy bonita con mucha naturaleza. Todos los días monto a caballo. Prefiero el campo porque en mi opinión, no hay contaminación y es tan interesante como la ciudad.

Rodrigo:
a ¿Cuántos años tiene?
b ¿Cuál es su color favorito?
c ¿Dónde vive?
d ¿Qué es el MALBA?

Rosalinda:
e ¿Cómo es físicamente?
f ¿Cuál es su deporte favorito?
g ¿Cuándo monta a caballo?
h ¿Por qué prefiere el campo? (**dos** detalles)

⚙️ Estrategia

Answering questions on a reading passage

You will generally not need to write long answers. Make sure you check carefully the question word that is being used and pick the precise piece of information needed from the text – don't copy out large chunks!

✏️ Escribir

6 Decide si prefieres el campo o la ciudad y escribe cinco frases que justifican tu opinión.

Ejemplo: Prefiero la ciudad porque hay mucho que hacer. Además…

💬 Hablar

7 Haz un debate con tu compañero/a sobre el campo y la ciudad. Usa tus respuestas de la actividad 6.

⬆️ ¡Arriba, arriba!

These expressions sound impressive in a debate:

- *no estoy de acuerdo* — I don't agree
- *no es verdad* — it's not true
- *al contrario* — on the other hand
- *sobre todo* — above all

ciento cinco **105**

5.6 Mi barrio con nostalgia

Objectives
- Describing how areas have changed over time
- Using some key expressions in the imperfect tense
- Revising Spanish so far

📖 Leer

1 Lee las frases (a–g) que describen un barrio *(neighbourhood)* ahora y hace cien años. Decide a qué momento se refieren. Escribe 'ahora' o 'hace cien años' para cada frase.

a **Tengo** acceso a Internet público en la plaza de mi barrio.
b **Tengo** un aeropuerto a las afueras de mi barrio para viajar a otros países.
c **Había** un mercado grande con fruta y verdura fresca en la plaza.
d **Tenía** el campo muy cerca de mi casa.
e **Hay** una red de autobuses que recorren toda la ciudad.
f **Hay** mucha variedad de tiendas diferentes y modernas.
g **Había** un antiguo tren de vapor.

Aa Gramática

Using some key expressions in the imperfect tense

The imperfect tense is used to describe how things were or used to be in the past.

Present	Imperfect
En mi barrio **hay**…	En mi barrio **había**…
Mi barrio **tiene**…	Mi barrio **tenía**…
Mi ciudad **es**…	Mi ciudad **era**…
Mi ciudad **está**…	Mi ciudad **estaba**…

Patrones y reglas

To say how long ago something happened, use *hace* with a time expression.

- hace cien años — a hundred years ago
- hace dos meses — two months ago
- hace una semana — a week ago

Note that *hace* always goes in front of the time phrase.

🎧 Escuchar

2 Listen to these descriptions of neighbourhoods past and present. Complete the sentences with the correct words.

a There is a big and _____ hotel near my house. We never used to have any _____.
b My neighbourhood used to have more _____. Now there is _____ traffic.
c My neighbourhood never had any _____, but now the _____ is dirtier.
d Now we have Internet in the _____ and at _____.
e There are now many different _____ but we only used to have a _____.

106 ciento seis

En mi ciudad

📖 Leer

3 Lee este folleto *(leaflet)* sobre la ciudad de Sevilla, en España y para cada frase, selecciona la opción correcta (a, b o c).

¡Sevilla hoy!

Actualmente la ciudad de Sevilla tiene un parque muy grande y famoso que se llama Parque María Luisa. Además, tiene una estación de tren muy moderna con trenes súper rápidos que se llaman AVE. Hay un parque de atracciones que se llama Isla Mágica. Hay una plaza moderna con un monumento nuevo que se llama Metropol Parasol. Además, la Plaza de España es muy impresionante.

¡Sevilla hace más de cien años!

En Sevilla había trenes de vapor y barcos muy lentos sobre el río Guadalquivir. No había muchas tiendas, pero había un mercado tradicional en un barrio que se llama Triana. La ciudad era más pequeña y no era tan turística como en la actualidad. No había un parque de atracciones, pero en las afueras había más naturaleza que la que hay ahora. ¡La Plaza de España no existía!

1 El parque María Luisa…
  b es muy moderno.
  c no es tan famoso.
  d es muy grande.

2 El tren súper rápido…
  c se llama AVE.
  d es muy antiguo.
  e no va a Madrid.

3 La plaza moderna…
  d se llama Isla Mágica.
  e tiene un monumento nuevo.
  f se llama Metropol Parasol.

4 Los barcos…
  e eran todos de vapor.
  f no eran rápidos.
  g son populares.

5 El barrio de Triana…
  f tenía un mercado tradicional.
  g era muy turístico.
  h tenía muchas tiendas.

6 Había más naturaleza…
  g en el parque de atracciones.
  h ahora.
  i en las afueras.

💬 Hablar

4 Con un(a) compañero/a, describe Sevilla hoy y hace cien años.

- *¿Cómo era Sevilla hay cien años?*
- *Era pequeña. Había trenes de vapor…*

- *¿Cómo es Sevilla hoy?*
- *Tiene un parque muy grande. Hay una plaza moderna…*

⚙️ Estrategia

Revising Spanish

To continue to build on what you already know, revision is important. Remember to:

- go over the grammar covered so far
- focus on your weaker areas of vocabulary
- continue to listen to Spanish and read it outside of the classroom.

↕️ Traducir

5 Lee el texto y tradúcelo al español. Usa el comienzo de las frases como ayuda.

Fifty years ago, Spain was very different. There was less tourism and more traditional shops. My city is in the north. Now it is so big and modern, with two stadiums and a train network. There is always a lot to do, but sometimes there is pollution in the city centre.

Hace cincuenta años… Había menos turismo y… Mi ciudad está… Ahora es tan… Siempre hay mucho que hacer, pero…

ciento siete **107**

5.7

¡Zona cultura!
Bilbao

Escuchar

1 Escucha el reportaje sobre la ciudad de Bilbao, luego empareja los números (1–5) con las letras (a–g). ¡Cuidado! Hay más letras de las que necesitas.

1 Bilbao es una...
2 El País Vasco...
3 La galería de arte famosa...
4 Puppy es...
5 El Guggenheim está situado...

a se llama el museo Guggenheim.
b está en el norte de España.
c pueblo importante.
d un perro enorme.
e al lado de la ría de Bilbao.
f tienen plantas típicas.
g ciudad grande y cosmopolita.

Leer

2 Read the description of Bilbao past and present, then complete the table. What was it like in the past and what is it like now?

Past	Present
unattractive	popular

Bilbao hace mucho, mucho tiempo
Bilbao es ahora un popular destino turístico internacional. En el pasado, la ciudad no era atractiva porque era demasiado industrial y no tenía una buena reputación. Había muchas fábricas y casas muy antiguas. La transformación de Bilbao es impresionante y ahora tiene modernas plazas, bonitos parques y un sistema de transporte público rápido y eficaz.

fábricas   factories

En mi ciudad

✚ Traducir

3 Translate the text from activity 2 into English.

📖 Leer

4 Busca en el texto las palabras en español.

La pelota vasca

Los deportes vascos son importantes y a lo largo del año hay competiciones y eventos deportivos. El deporte más famoso de la región es la pelota vasca. Es fácil y muy rápida: dos jugadores golpean una pelota contra una pared… ¡muy simple!

a throughout the year
b the most famous sport
c it is easy and very fast
d hit a ball
e against a wall

Euskara or Basque is an ancient language still spoken widely in the Basque region of Spain. It is very different to Spanish and is also unlike any other European language. Its origins still remain a mystery to language experts!

🎧 Escuchar

5 〰️ El euskera o vasco es el idioma que se habla en el País Vasco además del español. Mira y escucha la lista básica de vocabulario en euskera y su significado en español.

hola	kaixo
¿qué tal?	zer moduz?
bien	ondo
¿y tú?	eta zu?
adiós	agur
sí	bai
no	ez
gracias	eskerrik asko
uno	bat
dos	bi
tres	hiru

💬 Hablar

6 Con un(a) compañero/a, practica la pronunciación de las palabras vascas de la lista, luego usa algunas de las palabras para tener una conversación básica en euskera.

✏️ Escribir

7 Diseña un folleto turístico que promocione la ciudad de Bilbao. Escribe unas 80 palabras y añade fotos, dibujos y colores atractivos.

Menciona:

- los sitios turísticos que ofrece
- la lengua vasca
- cómo es la ciudad ahora.

ciento nueve **109**

5.8 Labo-lengua

Gramática

Hay and tiene with nouns

Hay means both 'there is' and 'there are'. It can be used with singular or plural nouns and does not have any other forms in the present tense.

- En mi pueblo hay dos parques.
- Hay muchas personas en el estadio.

Note that the meaning of *hay* differs from that of *tiene* and *es*:

tiene (he/she/it has)

- Mi amigo tiene dos hermanos.

es (he/she/it is)

- Mi ciudad es grande.

1 Complete the sentences with the correct word: *hay*, *tiene* or *es*.

a Mi casa _____ muy moderna.
b En mi ciudad _____ cuatro estadios de fútbol.
c Córdoba _____ una mezquita famosa.
d El pueblo no _____ un cine.
e En Madrid _____ una plaza de toros enorme.
f Bilbao _____ muy industrial.

2 Complete the sentences (1–4) with the correct endings (a–d).

1 Mi casa…
2 En mi pueblo…
3 Voy a ir a la…
4 En Mérida hay…

a hay pocas tiendas.
b costa porque tiene una playa bonita.
c muchas ruinas romanas.
d tiene tres plantas.

Gramática

Ir in the present tense

Ir is one of the most frequently used verbs in Spanish. It is irregular in the present tense, so must be learnt carefully.

ir	to go
voy	I go
vas	you (sing) go
va	he/she/it goes
vamos	we go
vais	you (pl) go
van	they go

Remember that if you are going to somewhere, you must use the construction *ir a*. If the noun that follows the *a* is masculine singular, you must combine the *a* and *el* to make *al*.

- Voy ~~a el~~ **al** museo.
- Vamos ~~a el~~ **al** supermercado.

3 Rewrite the sentences using different parts of *ir* in the correct order.

a iglesia voy a la Normalmente
b estadio de fútbol Mis van al padres
c ¿fines de semana Vas al instituto los?
d al museo El jueves por la tarde vamos
e ¿banco ahora Vais al?
f el domingo Fernando supermercado va al

4 Read the sentences and change the indefinite article (*un, una, unos, unas*) to the definite article (*el, la, los, las*). Use *al* when necessary.

Example: Normalmente mis padres y yo vamos ~~a un~~ **al** parque.

a Mi hermana Gema va a una estación de tren.
b Juan va a un instituto de lunes a viernes.
c ¿Vosotros vais a una tienda de ropa o a un banco?
d El sábado por la mañana vamos a un estadio de fútbol.
e Mi abuela a veces va a un supermercado con mi hermano.

ciento diez

En mi ciudad

Aa Gramática

Using the imperative

The imperative is a command, the most common of which is formed by using the third-person singular of the present tense. The imperative is used a lot in spoken language.

- *¡Escucha!* Listen!
- *¡Lee!* Read!
- *¡Escribe!* Write!

Some common irregulars are:

- *¡Pon!* Put!
- *¡Ven!* Come!
- *¡Ve!* Go!
- *¡Haz!* Do!
- *¡Di!* Say/Tell!

5 Choose the correct imperative to complete the sentences.

a ¡_____ la fecha y el título en tu cuaderno!
b ¡_____ la radio!
c _____ la tercera a la derecha.
d _____ flamenco, ¡es muy divertido!
e ¡_____ los platos y _____ tu dormitorio!
f _____ todo recto, luego _____ los semáforos.

lava escribe toma sigue pasa escucha baila ordena

Aa Gramática

Forming the near future

By using the verb *ir* and following it with the preposition *a* and an infinitive, you can say what you or others are going to do in the near future.

voy
vas
va   + a   + infinitive
vamos
vais
van

- *Voy a salir con mis amigos.*
  I am going to go out with my friends.
- *Nosotros vamos a nadar en el mar.*
  We are going to swim in the sea.

6 Read the sentences and change the infinitive in capitals to the near future tense.

Example: Fernando PRACTICAR judo con su padre el sábado.
Fernando va a practicar judo con su padre el sábado.

a Nosotros VER una exposición interesante en el museo nacional.
b Mis abuelos VIAJAR en autobús a Italia.
c Yo CANTAR con mis tres amigos en un coro.
d ¿Vosotros ESCUCHAR música en el salón de casa?
e Tú TENER acceso a Internet en el instituto.

Pronunciación: h

What do you notice about the pronunciation of the following words?

hola
hace sol
hermano
hotel

In Spanish, the 'h' does not appear very often and is almost always silent. Avoid using an English-sounding 'h' when speaking Spanish!

7 Try saying the following: 'El hipopótamo Hipo está con hipo. ¿Quién le quitará el hipo al hipopótamo Hipo?'

ciento once **111**

5.9

El podio de los campeones

Bronce

1 📖 Read this page from Rebeca's blog, describing what she does from Monday to Friday. Complete the table in English.

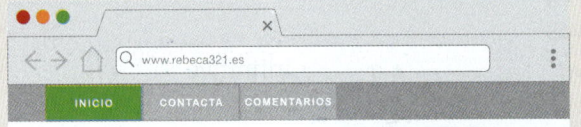

> www.rebeca321.es
> INICIO | CONTACTA | COMENTARIOS
>
> Me encanta mi ciudad porque hay muchos sitios interesantes. Los lunes voy a un parque que se llama 'El Respiro' para pasear con mis padres. Los martes voy a menudo al Hospital Central para visitar a mi primo Manuel. A veces los miércoles voy a la biblioteca para leer libros de misterio. Los jueves voy al estadio para ver un partido de fútbol con mi hermana Eloisa. Los viernes siempre voy al cine para ver una película con mis amigas.

Day	Where?	Why?
Monday	park	to go for a walk

2 ✏️ Where do you go during the week and why? Write a short paragraph mentioning the following details:
- at least five different places you go to
- three reasons why you go to these places, using *para* + infinitive
- at least one opinion.

Plata

3 📖 Lee el mensaje de Rogelio, luego selecciona las cinco frases correctas de la lista.
Read Rogelio's text message, then select the five correct sentences from the list.

> Este fin de semana tengo muchos planes. Primero, el sábado voy a ir en autobús al centro para comprar un móvil para el cumpleaños de mi hermana, Ana. Por la noche, mis amigos y yo vamos a ver una película en la televisión. El domingo, voy a ir a un hotel lujoso para celebrar la fiesta de mi hermana. Voy a bailar mucho porque me mola la música pop – ¡es mi favorita! También, ¡voy a comer mucho porque el menú es fantástico!

a El sábado, Rogelio va a ir al centro en autobús.
b Rogelio va a comprar un móvil.
c Rogelio va a celebrar el cumpleaños de su hermano.
d La hermana de Rogelio se llama Ana.
e El sábado por la noche, Rogelio va a salir con sus amigos.
f El domingo, Rogelio va a ir a un hotel no muy bueno.
g Rogelio prefiere la música pop.
h Rogelio tiene una opinión positiva del menú del hotel.

4 ↔️ Traduce las frases al español. Tienes que usar la forma correcta del futuro próximo.
Translate the sentences into Spanish. You must use the correct form of the near future.

a This weekend my cousin is going to go shopping.
b I am going to Málaga to visit my grandfather.
c In the evening, my family and I are going to eat in a restaurant.
d What are you going to do this weekend?

5 ✏️ Escribe un párrafo similar al de la actividad 3 sobre tus planes para el fin de semana.

112 ciento doce

Oro

6 Lee el email de Yasmin sobre la ciudad de Valencia antes y ahora. Contesta las preguntas en español.

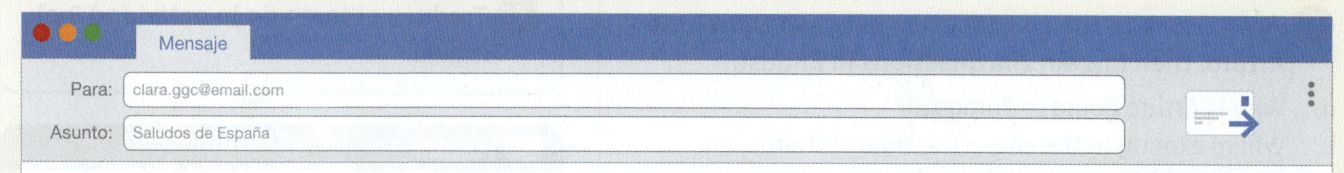

Para: clara.ggc@email.com
Asunto: Saludos de España

Mis abuelos viven en el este de España en una ciudad que se llama Valencia. Valencia es turística y grande. ¡Me gustaría ir allí este verano! Hay muchos monumentos, por ejemplo una famosa catedral con una torre que se llama 'El Miguelete' y una enorme plaza de toros. Me gusta mucho el Estadio de Mestalla porque creo que el Valencia CF es fenomenal. Además, en Valencia hay un parque tecnológico y cultural que se llama 'La Ciudad de las Artes y las Ciencias'. Allí hay un lago, animales y un cine en 3D que es súper moderno e impresionante. En el centro de la ciudad está el mercado antiguo. Según mis abuelos, hace muchos años, Valencia era más industrial y la arquitectura era más tradicional.

---

a ¿Dónde está Valencia?
b ¿Cómo es Valencia, según Yasmin?
c ¿Cuándo va Yasmin a visitar a sus abuelos?
d ¿Cómo se llama la torre famosa?
e ¿Qué es 'La Ciudad de las Artes y las Ciencias'?
f ¿Dónde está el mercado?
g ¿Cómo era Valencia en el pasado? (**dos** detalles)

7 Traduce el email desde *Además, en Valencia hay...*

8 Describe el lugar donde vives, contestando las preguntas en español. Escribe al menos 80 palabras.

- ¿Qué hay en tu barrio?
- ¿Cómo es, en tu opinión?
- ¿Qué había en tu barrio hace cien años?
- ¿Cómo era?
- ¿Te gustaría vivir en tu barrio en el futuro? ¿Por qué?

¡Arriba, arriba!

When writing a paragraph in Spanish on a particular topic, it is important to express an opinion. The very best answers will also try to justify the opinion.

- *Pienso que mi ciudad es muy cultural, porque tiene muchas galerías de arte.*

En mi ciudad

ciento trece 113

5.10 ¡Demuestra lo que sabes!

🎧 Escuchar

1 Listen to the conversation between Nuria and Arturo, then answer the questions in English.

a Why is Arturo going to Zaragoza?
b Where exactly in the city is the train station?
c How should he travel to the train station?
d Why does Arturo like Zaragoza? (**two** details)
e Why does Nuria prefer the countryside?

2 Listen again to the part where Nuria explains how to get to the station. Complete the gaps.

To get to the train station, go **1** _____, go through the traffic lights, then take the third **2** _____. Go straight ahead and it is at the **3** _____ of a very **4** _____ road called Calle Pérez.

📖 Leer

3 Lee la descripción de un pueblo mallorquín, luego busca los antónimos (*opposites*).

Sóller es un pueblo de montaña muy bonito que está en las montañas en el noroeste de la isla de Mallorca. Tiene muchas tiendas y casas tradicionales. Hay un mercado muy popular y una estación de tren muy antigua. Muchos turistas visitan el pueblo, especialmente durante los meses de julio y agosto. Hace cincuenta años, era más tranquilo y no había bares ni restaurantes y ahora, no es tan diferente.

a feo
b nueva
c ruidoso
d similar

↕ Traducir

4 Traduce el texto de la actividad 3 al inglés.

💬 Hablar

5 Con un(a) compañero/a, haz una descripción del pueblo de Sóller. Uno/a describe cómo era el pueblo hace cincuenta años y otro/a describe cómo es ahora. Usa la información de abajo para ayudarte.

- ¿Cómo era Sóller hace cincuenta años? ¿Qué había allí?
- Hace cien años era…/ había…

> quieter
> so pretty
> less tourism
> more nature

- ¿Cómo es Sóller ahora? ¿Qué hay allí?
- Ahora es…/ hay…

> so traditional
> as pretty as fifty years ago
> more trains
> more big houses in the mountains

✏ Escribir

6 Contesta las preguntas en español. Tienes que escribir frases completas.

a ¿Qué hay en tu barrio?
b ¿Qué vas a hacer este fin de semana?
c ¿Prefieres vivir en el campo o en la ciudad? Justifica tu opinión.
d ¿Cómo era tu barrio hace cincuenta años? ¿Es muy diferente ahora?

5.11

En mi ciudad

Mi lista de logros

I can...

5.1 De paseo por mi ciudad

- ☐ say what places there are in my town
- ☐ describe places and give opinions on them
- ☐ use *hay* with singular and plural nouns
- ☐ use techniques to translate well into Spanish

- un estadio, un supermercado, una biblioteca
- una iglesia bonita, un instituto que se llama...
- hay un parque, tres tiendas, cinco supermercados
- check word order, agreements, verbs and vocabulary

5.2 Por eso voy allí

- ☐ describe where I go in town and why
- ☐ use the verb *ir* in full in the present tense
- ☐ name at least eight infinitives in Spanish
- ☐ use *para* with infinitives to mean 'in order to'

- voy al supermercado para...
- voy, vas, va, vamos, vais, van
- comprar, leer, viajar, visitar...
- vamos al parque para jugar al fútbol

5.3 ¡Sigue todo recto!

- ☐ confidently give and understand directions
- ☐ understand when to merge *a* and *el* to make *al*
- ☐ use repair strategies in speaking
- ☐ use some basic Spanish commands

- sigue todo recto, tuerce a la derecha...
- va al estadio, voy a la iglesia
- pues..., bueno..., a ver...
- ¡toma! ¡tuerce! ¡escucha!

5.4 Planes para el finde

- ☐ talk about my plans for the weekend
- ☐ use *ir* + *a* + infinitive to talk about future actions
- ☐ explain what synonyms are and how to find them in a text
- ☐ write in detail about weekend plans

- este fin de semana voy a...
- voy a bailar, vamos a nadar
- a word that means the same as another word in the same language
- El sábado voy a..., con..., va a ser...

5.5 ¿En la ciudad o en el campo?

- ☐ state the pros and cons of rural and urban life
- ☐ understand more complex opinions and judgements
- ☐ use *tan* and *tan... como* to make comparisons
- ☐ use some expressions to have a debate

- es tranquilo/ruidoso, hay mucho/nada que hacer...
- hay naturaleza, un sistema de transporte público eficaz...
- mi pueblo es tan grande como la ciudad
- no estoy de acuerdo, al contrario...

5.6 Mi barrio con nostalgia

- ☐ talk about what my home town used to be like
- ☐ use some key expressions in the imperfect tense
- ☐ understand the time phrase *hace*...
- ☐ revise effectively the Spanish I have learnt so far

- mi barrio era tranquilo, pequeño...
- no había muchas tiendas, era menos turístico
- hace cincuenta años había un mercado
- go over grammar points, vocabulary...

ciento quince 115

Vocabulario

5.1 De paseo por mi ciudad
A stroll through my city

hay	there is/are
el lugar	place
el banco	bank
la biblioteca	library
la calle	street
la catedral	cathedral
el cine	cinema
la estación de tren	train station
el estadio	stadium
el hospital	hospital
el hotel	hotel
la iglesia	church
el instituto	school
la mezquita	mosque
el museo	museum
el parque	park
la plaza de toros	bullring
el restaurante	restaurant
el supermercado	supermarket
la tienda de ropa	clothes shop
bonito/a	pretty
histórico/a	historic
tranquilo/a	quiet, peaceful

5.2 Por eso voy allí
That's why I go there

apoyar	to support
comprar	to buy
estudiar	to study
ir	to go
leer	to read
observar	to observe
pasear	to walk
ver	to see, watch
viajar	to travel
visitar	to visit
las ruinas	ruins
el sitio	site, place
único/a	unique

5.3 ¡Sigue todo recto!
Go straight on!

¿Por dónde se va…?	How do I get to…?
muchas gracias	thank you very much
de nada	you're welcome
cruzar	to cross
pasar	to go past
tomar	to take
toma…	take…
torcer	to turn
tuerce…	turn
la primera	the first
la segunda	the second
la tercera	the third
a la derecha	on the right
a la izquierda	on the left
sigue todo recto	go straight on
al final	at the end
la dirección	direction, address
la plaza	square
el semáforo	traffic light

116 ciento dieciséis

En mi ciudad

5.4 Planes para el finde
Plans for the weekend

bailar en la discoteca	to dance in a club
cantar en el coro	to sing in the choir
el fin de semana	weekend
el finde	weekend
ir a un concierto	to go to a concert
ir de compras	to go shopping
nadar en el mar	to swim in the sea
practicar judo	to practise judo
salir con amigos	to go out with friends
va a ser	it's going to be
ver una exposición de arte	to see an art exhibition
viajar en tren	to travel by train

5.5 ¿En la ciudad o en el campo?
In the city or the countryside?

el aire	air
la alergia	allergy
allí	there
aquí	here
complicado/a	complicated
la contaminación	pollution
conveniente	convenient
cosmopolita	cosmopolitan
la cultura	culture
el espacio	space
estresante	stressful
hay mucho que hacer	there is a lot to do
lento/a	slow
montar a caballo	to go horse riding
la naturaleza	nature
no me importa	it doesn't matter to me
la oportunidad	opportunity
la paz	peace
el peligro	danger
peligroso/a	dangerous
rápido/a	fast
el ruido	noise
ruidoso/a	noisy

el servicio público	public service
el sistema	system
tan	so
tan... como	as... as
al contrario	on the other hand
no es verdad	it's not true
no estoy de acuerdo	I don't agree
sobre todo	above all

5.6 Mi barrio con nostalgia
Memories of my area

actualmente	currently
ahora	now
era	it was
existir	to exist
había	there was
hoy	today
el pasado	past
el acceso	access
las afueras	outskirts
AVE	high-speed train
el barco	ferry
el barrio	neighbourhood, area
cerca	near
contener	to contain
diferente	different
fresco/a	fresh
lejos	far
el parque de atracciones	theme park
público/a	public
recorrer	to go across
la red	network
sucio/a	dirty
tradicional	traditional
el tren de vapor	steam train
el turismo	tourism
variado/a	varied
la variedad	variety

> You'll find more useful vocabulary on pages 6–7 and in the glossary at the back of this book.

6.1

Todo lo que estudio

Objectives
- Talking about school subjects
- Using the verb *estudiar*
- Varying your language

🎧 Escuchar

1 ¿Qué estudian Koldo y Blanca? Escucha y escribe las letras de las asignaturas (*subjects*) que mencionan (a–j). Hay seis por persona.

Ejemplo: Koldo g, …

a  el español
b 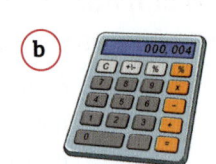 las matemáticas
c  el inglés
d 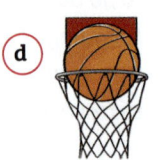 la educación física
e  las ciencias
f  el francés
g  la informática
h  la historia
i  el dibujo
j  el teatro

2 Escucha la pronunciación de estas asignaturas y escribe las letras que faltan. ¿Qué significan en inglés?

a la _eogra_ía
b la b_olo_ía
c la _ísi_a
d la _ús_ca
e la te_nologí_

ℹ️ ¡Cultura!

Spanish as a school subject in Spain is called *lengua* or *lengua española* and it involves the study of Spanish language and literature. Regions that have their own official language also study this as a subject, for example, in Catalonia, Catalan is studied.

Aa Gramática
p.132; WB p.64

The verb *estudiar*

Confidently using a regular –ar verb such as *estudiar* ('to study') in a range of tenses means you can become fluent much more quickly.

estudio	I study
estudiaba	I used to study
voy a estudiar	I am going to study
estudiaría	I would study

Patrones y reglas

When saying what you or others study, you do not need to use the definite article.

- Estudio ~~el~~ español, ~~las~~ ciencias y ~~la~~ educación física.

But when giving your opinion on a subject, the definite article is needed.

- Me gusta **el** dibujo y me encanta **la** historia.

118 ciento dieciocho

Traducir

3 Rogelio describe sus asignaturas del colegio. Traduce el texto al español.

> Personally, I study Spanish, English, maths and three sciences, however, my brother also studies French and music. I used to study art, but in the future, I am going to study biology. Furthermore, I am going to live in Ecuador because it has so much tropical nature!
>
> Rogelio

Leer

4 Read the opinions about school subjects and complete the summaries in English with the correct information.

Isam
Mi asignatura favorita es el inglés, pero también me gustan mucho el francés y el italiano. Me entretienen los idiomas. Además, siempre me anima el teatro. ¡Me gusta mucho actuar!

Ada
No tengo una asignatura favorita, pero me interesa el dibujo. También me gusta bastante la geografía. ¡Los volcanes me fascinan y me encanta viajar a otros países!

Isam's favourite subject is **1** _____, but languages also **2** _____ him. He also really likes to **3** _____.

Ada is interested in **4** _____ and she **5** _____ likes geography. **6** _____ fascinate her and she loves to **7** _____.

Escribir

6 Escribe cinco opiniones sobre las asignaturas que tienes. Usa las frases de la sección ¡Arriba, arriba!

Hablar

5 ¿Qué estudias? ¿Qué opinas de tus asignaturas? Habla con tu compañero/a. Usa las opiniones de la actividad 4 para ayudarte.

Ejemplo:
- ¿Qué estudias?
- Estudio inglés, matemáticas,...
- ¿Qué opinas de tus asignaturas?
- Me encanta el inglés, pero me aburre la música. Me entretiene el teatro. ¿Y a tí?

¡Arriba, arriba!

You have already come across a number of verbs that are used like *gustar*. Add these new ones to make your opinions even more original.

Remember to add an *–n* if the subject is plural: *Me aburre**n** las ciencias.*

me aburre	it bores me
me entretiene	it entertains me
me da igual	it's all the same to me
me anima	it cheers me up
me apasiona	it is a passion of mine

Estrategia

Varying your language

It can be tempting to have a number of familiar expressions to fall back on. While these can be useful, try to vary your language as much as possible. For example, *me encanta* can be replaced by *me interesa mucho* or even *me apasiona*. Similarly, avoid writing solely in the present tense; if you know more tenses, use them!

Mi insti

ciento diecinueve 119

6.2 ¡Uff! ¡Qué rollazo!

Objectives
- Giving more detailed opinions about school subjects
- Using exclamations with ¡qué…!
- Using slang expressions

Leer

1 Lee las opiniones de estos estudiantes. Decide si son positivas (P), negativas (N) o positivas y negativas (P+N).

Ejemplo: **a** P

a Me gusta mucho el inglés. ¡Es fantástico!

b No me gustan las matemáticas ni la tecnología.

c Odio la educación física. ¡Qué aburrida!

d Me encantan las ciencias, sin embargo, la informática no es divertida.

e Mi asignatura favorita es la física. ¡Qué interesante!

f Me fascina la biología, pero odio la geografía.

Traducir

2 Traduce las frases de la actividad 1 al inglés.

Gramática p.132; WB p.65

Exclamations with ¡qué…!

¡Qué…! can be followed by an adjective or a noun to make exclamations in Spanish.

¡Qué fascinante!	How fascinating!
¡Qué frío!	How cold!
¡Qué casa!	What a house!
¡Qué ciudad!	What a city!

Note that the adjective must still agree with what it describes:

- No me gusta nada **la** geografía. ¡Qué aburrid**a**!

Escribir

3 Completa la tabla con las formas correctas.

Masculino	Femenino	Masc plural	Fem plural	Inglés
fácil	fácil	fáciles	fáciles	1 _____
difícil	difícil	2 _____	difíciles	*difficult*
práctico	3 _____	prácticos	prácticas	*practical*
interesante	interesante	interesantes	4 _____	*interesting*
5 _____	divertida	divertidos	divertidas	*fun*
aburrido	aburrida	6 _____	aburridas	*boring*

Patrones y reglas

Remember that adjectives agree in number and gender with the noun they describe:
- El inglés es aburrid**o**.   La historia es aburrid**a**.   Las ciencias son aburrid**as**.
- El dibujo es fácil.   La geografía es fácil.   Las matemáticas son fácil**es**.

120 ciento veinte

Mi insti

🎧 Escuchar

4 Listen to five students discussing their school subjects. For each student, write in English the subject they mention and the adjective they use to describe it.

Example: a English, easy

a Ferrán
b Sonia
c Esther
d Tomás
e Marcos

¡Atención!

If you are giving an opinion on maths or science, you will need to use *son* instead of *es* because they are plural words in Spanish:

- *Me gustan las ciencias porque son divertidas.*

📖 Leer

5 Lee las frases (1–6) y empareja cada una con los atributos en inglés (a–f).

1 El profesor de educación física es bastante tolerante.
2 La profesora de tecnología es muy trabajadora.
3 El profesor de ciencias es un poco despistado.
4 El profesor de español es muy gracioso.
5 La profesora de historia pone exámenes duros.
6 La profesora de matemáticas es muy estricta.

a very funny
b very strict
c a bit forgetful
d hard exams
e quite tolerant
f very hard-working

🎧 Escuchar

6 Listen to the conversation between Pepe, Sara and Cósima, then read the seven statements. To whom does each refer? Write P (Pepe), S (Sara) or C (Cósima).

Who…

a thinks P.E. is amazing?
b is fascinated by science?
c thinks history is easy?
d has a forgetful and strict teacher?
e thinks they have a cool teacher?
f has a funny and tolerant teacher?
g thinks they have lots of fun subjects?

✏️ Escribir

7 Inventa tres opiniones extras sobre tus profesores. ¡Usa diferentes adjetivos de carácter si puedes!

💬 Hablar

8 Habla con tu compañero/a sobre tus profesores.

Ejemplo:
- *¿Cómo son tus profesores?*
- *Mi profesora de matemáticas es inteligente, pero estricta. Mi profesor de música es…*

⚙️ Estrategia

Using slang expressions

Using informal Spanish can make you sound like a native speaker, but do so with care – you don't want to come across as rude!

- *¡Qué rollazo!* — What a bore!
- *El profesor es **guay**.* — The teacher is cool.
- ***Paso de** la informática.* — I can't be bothered with ICT.
- *La música es **una pasada**.* — Music is awesome.

ciento veintiuno **121**

6.3

Mi horario escolar

Objectives
- Describing a timetable in a Spanish school
- Telling the time
- Answering questions on a listening passage

🎧 Escuchar

1 〰️ ¿Qué hora es? Escucha las diferentes horas (1–8) y selecciona el reloj (*clock*) correcto (a–h).

a, b  (1:30), c (10:45), d, e  (09:00), f (12:10), g, h  (10:25)

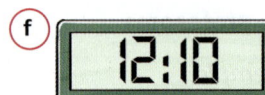

Aa Gramática
p.133; WB p.66

Telling the time

Use **es** to mean 'it is' when referring to one o'clock, and **son** when referring to all other times.

| **Es la** una. | It's one o'clock. |
| **Son las** dos. | It's two o'clock. |

State the hour before the minutes, and link them with **y** if it is 'past' the hour, or **menos** if it is 'to' the hour.

| **Es la** una **y** cuarto. | It's quarter past one. |
| **Son las** cuatro **menos** veinte. | It's twenty to four. |

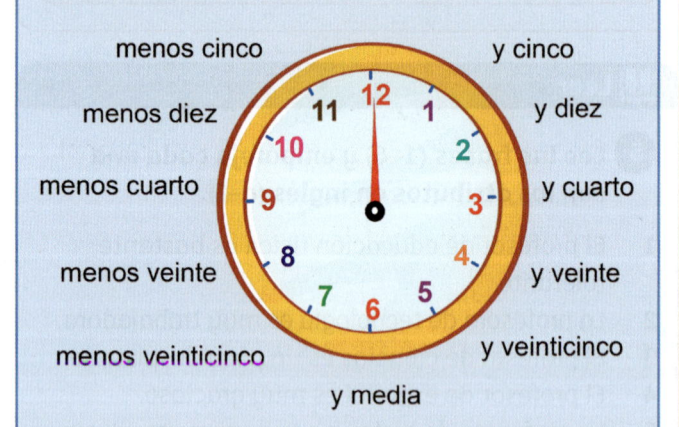

menos cinco / y cinco
menos diez / y diez
menos cuarto / y cuarto
menos veinte / y veinte
menos veinticinco / y veinticinco
y media

ℹ️ ¡Cultura!

School times in Spain are similar to those in the UK. Most schools start at about nine o'clock and finish around three o'clock, though with slight differences in some regions. Students normally have a late lunch at home after their school day – they don't have hot meals in school, only a snack!

C Patrones y reglas

To say on what days you normally do something, use *los*. For Saturday and Sunday, add an –s.
- los lunes — on Mondays
- los sábados — on Saturdays
- los domingos — on Sundays

122 ciento veintidós

Leer

2 Mira el horario (*timetable*) de Licerio y decide si las frases son verdaderas (V) o falsas (F).

	lunes	martes	miércoles	jueves	viernes
8.55 – 9.55	mates	ciencias	informática	español	educación física
9.55 – 10.55	español	inglés	música	historia	mates
10.55 – 11.55	inglés	tecnología	español	física y química	inglés
11.55 – 12.45	r e c r e o				
12.45 – 1.45	gimnasia	dibujo	biología	geografía	español
1.45 – 2.45	gimnasia	historia	mates	informática	teatro

a Los miércoles tengo música a las diez menos cinco.
b Los viernes tengo historia por la mañana.
c Los jueves estudio geografía a la una menos cuarto.
d Los lunes tengo una clase doble de gimnasia.
e Los martes tengo inglés a las once menos cinco.
f Nunca estudio teatro en mi instituto.
g El jueves tengo español y geografía.
h Los martes tengo historia a la una menos cuarto.

Escuchar

3 Marga describe su horario escolar. Escucha y contesta las preguntas en español.

a ¿Cuál es el día favorito de Marga?
b ¿A qué hora tiene inglés?
c ¿Cómo es el profe de geografía?
d ¿A qué hora es el recreo?
e ¿Por qué son especiales, los viernes?

Estrategia

Answering questions on a listening passage

Before you begin a listening task, read the question words carefully and make sure you understand what information is needed. Next, try to filter out any information you don't need. Keep your answers short and to the point, and don't worry if you don't get all the answers straight away, you will get to listen again.

Hablar

4 Mira tu horario personal. ¿Cuál es tu día favorito y por qué? Habla con un(a) compañero/a.

Ejemplo: Mi día favorito es el martes. Tengo ciencias, español, inglés e historia. Me gusta mucho el inglés...

Escribir

5 Describe tu día escolar ideal. ¿Qué estudiarías? Usa estas expresiones:

- estudiaría — *I would study*
- tendría — *I would have*
- habría — *there would be*
- sería — *it would be*

Ejemplo: Tendría dos clases de música porque sería muy relajante, también...

6.4 Lo que hay en mi insti

Objectives
- Describing your school environment
- Using *se puede* and *se debe*
- Describing a picture

🎧 Escuchar

1 Mira el instituto y escucha las tres descripciones. Escribe las letras de las instalaciones (*facilities*) mencionadas (a–j).

Ejemplo: **1** d…

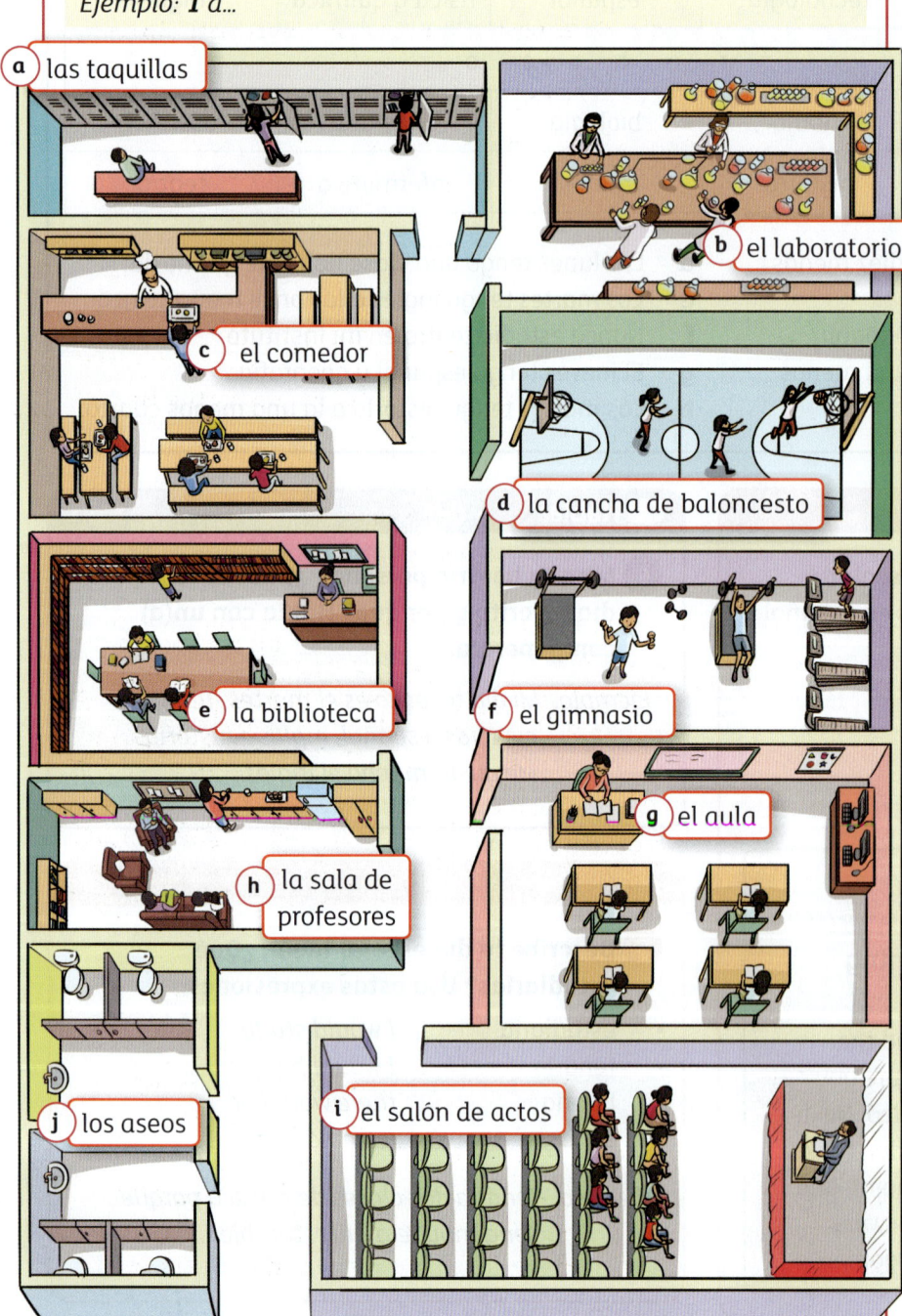

a las taquillas
b el laboratorio
c el comedor
d la cancha de baloncesto
e la biblioteca
f el gimnasio
g el aula
h la sala de profesores
i el salón de actos
j los aseos

📖 Leer

2 Make a list in English of the facilities available in Valle Claro secondary school.

Example: 37 classrooms…

Instituto de secundaria Valle Claro

En Valle Claro tenemos unas instalaciones maravillosas. Hay treinta y siete aulas, once laboratorios modernos donde se puede estudiar ciencias, dos salones de actos, una piscina enorme, un gimnasio donde se puede practicar muchos deportes y un comedor central.

Afuera tenemos unos jardines muy bonitos donde se puede descansar o charlar con los amigos y una biblioteca espaciosa donde se pueden leer muchos libros.

⇕ Traducir

3 Translate the second paragraph of activity 2 into English, from *Afuera…*

124 ciento veinticuatro

Mi insti

📖 Leer

4 Mira la lista de normas escolares (*school rules*) y pon cada una en la columna correcta: 'se debe' o 'no se debe'.

En el instituto...

Se debe... estar en silencio en la biblioteca ✓

No se debe... comer chicle en clase ✗

Se debe...	No se debe...

ser puntual

gritar en clase

respetar a los profesores

hacer los deberes

correr por los pasillos

ser maleducado/a con los profesores

comer en el comedor

prestar atención en clase

usar el móvil

ensuciar las instalaciones

Aa Gramática

Se puede and se debe

Se puede ('one can' or 'you can') and *se debe* ('one must' or 'you must') are useful impersonal expressions that are formed by using *se* and the third-person singular form of the verb. They are followed by the infinitive:

- *Se puede estudiar teatro en mi instituto.*
  You/One can study drama in my school.
- *No se debe escuchar música en clase.*
  You/One must not listen to music in class.

🎧 Escuchar

5 Escucha la conversación entre Ramona y Pascual. Lee las siete frases y selecciona las cuatro correctas.

a El instituto de Ramona tiene un comedor.
b El gimnasio está en la planta baja.
c El instituto de Pascual tiene doce bibliotecas.
d Pascual tiene una opinión negativa de los aseos.
e No es posible usar el móvil en el instituto de Pascual.
f El instituto de Ramona es menos estricto que el instituto de Pascual.
g Ramona lleva uniforme.

la planta baja — ground floor

✏️ Escribir

6 Mira la foto y contesta las preguntas en español.

- ¿Qué hay en la foto?
- ¿Qué instalaciones hay en tu instituto?
- ¿Cuáles son tus asignaturas favoritas? ¿Por qué?

⚙️ Estrategia

Describing a photo

Make a note of any key vocabulary you could use. Then, to help build your answers, you should have a bank of impressive conjunctions and opinions. You could learn a few expressions such as *en primer plano* ('in the foreground'), *al fondo* ('in the background') and *se puede ver* ('you can see').

ciento veinticinco **125**

6.5 Y después de las clases...

Objectives
- Talking about extracurricular activities
- Using *antes de* and *después de*
- Understanding cultural differences

Leer

1 Mira la lista de las actividades extraescolares del instituto Rey Juan Carlos. Lee las expresiones (a–h) y busca los equivalentes en español.

ACTIVIDADES, DEPORTES Y EXCURSIONES

De lunes a viernes, de 3 a 4
- club de literatura
- taller de manualidades
- club de deberes
- partido de fútbol
- rugby femenino
- atletismo

Actividades para este curso
- excursión al Valle del Ebro – mayo
- viaje cultural a Segovia – 3 días – junio
- jornadas culinarias – enero y abril
- campeonato anual de ajedrez
- competiciones de tenis de mesa

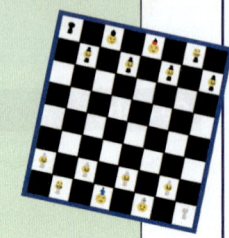

a craft workshop
b cookery days
c homework club
d annual chess championship
e literature club
f table tennis
g football match
h cultural trip

Hablar

2 Mira la lista de la actividad 1 otra vez. Habla con tres compañeros/as sobre las actividades extraescolares que te gustaría hacer.

> ¿Qué actividad escolar te gustaría hacer?

> Me gustaría hacer atletismo. ¿Y a ti?

Escuchar

3 Escucha a estos cuatro estudiantes (a–d) y escribe las dos actividades extraescolares que mencionan: una que van a hacer (✓) y otra que no (✗).

Ejemplo:
a ✓ club de literatura ✗ campeonato de ajedrez

Estrategia

Understanding cultural differences

It is important to know how customs in Spanish-speaking countries might be different to your own. These can be everyday things such as differences in school life, or more general customs such as how Christmas is celebrated. In the long term, really good cultural knowledge will make you a very impressive Spanish student!

Leer

4 Read Alika's blog post about extracurricular activities in her school. Answer the questions that follow in English.

En mi instituto hay muchas actividades extraescolares y ¡me gusta participar! Mi asignatura favorita es la informática. ¡Soy muy hábil con la tecnología! Los martes a las tres, al salir de clase, voy a un club de robótica. Además, los miércoles durante el recreo voy a un club de historia para memorizar la información que necesito para el examen que tengo dentro de tres semanas.

También hay un club de deberes en la biblioteca todos los días después de terminar las clases. Es especialmente útil para mí porque a veces no tengo tiempo de hacer los deberes en casa. Los jueves hay un club de cine. Me apasiona el cine, en especial las películas en las que aparece mi actor favorito, que se llama Mario Casas. Me gusta ir al cine los sábados antes de visitar a mis tíos.

Me encanta viajar y las excursiones me apasionan. En febrero hay una excursión al Museo Nacional Centro de Arte Reina Sofía de Madrid. Me encantan artistas como Picasso o Miró. También hay una excursión a la catedral de Sevilla… ¡Así que tengo que decidirme!

a When does Alika go to Robotics club? (**two** details)
b When does she go to History club? (**two** details)
c Why does she go to History club? (**two** details)
d Why does she find homework club particularly useful?
e Who is Mario Casas?
f When are her school trips taking place?
g Which place (Seville or Madrid) do you think she is most likely to choose? Why?

Gramática

p.133; WB p.67

Antes de, después de + infinitive

Antes de ('before') and *después de* ('after') are followed by the infinitive form of the verb to mean 'before –ing' or 'after –ing'.

antes de visitar a mis abuelos
before visiting my grandparents

después de jugar al fútbol
after playing football

Escuchar

5 Listen to Berta describing her extracurricular activities. List the activities she mentions in English, in the correct order. There are four activities in total. Listen carefully, there are some new words!

Escribir

6 Escribe un párrafo sobre las actividades extraescolares y excursiones que hay en tu colegio. Menciona:
- tres clubes o actividades que te gustan
- cuándo haces esas actividades y con quién
- una excursión a la que te gustaría ir
- tu opinión sobre la excursión.

Ejemplo:
En mi colegio hay un club de deberes, un club de literatura y un taller de manualidades. Me gusta mucho el club de deberes porque es útil. Voy con mi amiga Lucía los martes después de terminar las clases. Me gustaría hacer una excursión al museo de ciencias porque sería muy interesante.

¡Arriba, arriba!

The expression *al* + infinitive translates in English as 'upon –ing'. Use it to make really impressive sentences.
- *Al salir de clase, voy al club de ajedrez.*
  Upon leaving class, I go to chess club.

ciento veintisiete **127**

6.6 Mis planes

Objectives
- Discussing future plans
- Using future expressions
- Reading a literary text

Escuchar

1 Escucha a estos estudiantes hablar sobre sus planes de futuro y completa las frases con las vocales que faltan.

El curso que viene...

a v_y a tr_bajar como vol_ntar_o.
b me g_staría apr_nder ch_no.
c quisiera h_cer amig_s nu_vos.
d me enc_ntaría s_car las n_tas más altas de mi clas_.
e voy a emp_zar a h_cer y_ga.
f quisiera c_ncentrarm_ más en cl_se.

Gramática

Using future expressions

The following future expressions are all followed by the infinitive:

Tengo la intención de...	I intend to...
Espero...	I hope...
Quisiera...	I would like...
Me gustaría...	I would like...
Me encantaría...	I would love...

Use them with these time phrases:

En el futuro...	In the future...
El curso/año que viene...	Next year...
Pronto...	Soon...
Dentro de poco...	Shortly...

Leer

2 Read the future plans of two students and the statements (a–f). Decide who is speaking: Jaime (J), Rosalía (R) or both (J+R).

a I am going to go to university.
b I would like to learn a language.
c I don't like to lose!
d I am quite a nervous person.
e I am looking forward to travelling.
f I want to make new friends.

Jaime Roldán

El curso que viene, me gustaría sacar las notas más altas de mi clase. ¡Soy muy competitivo! Voy a repasar más en la biblioteca y me gustaría aprender chino mandarín. Es un poco complicado, pero muy útil para mi futuro porque tengo la intención de viajar por Asia.

Rosalía Menéndez

Siempre estoy estresada en el instituto así que voy a aprender yoga para relajarme más en casa. Soy muy aplicada y me interesa mucho estudiar. El curso que viene me gustaría hacer nuevos amigos y aprender francés. En el futuro tengo la intención de ir a la universidad.

🎧 Escuchar

3 Mira la lista de trabajos a tiempo parcial (*part-time jobs*), luego escucha a estos seis jóvenes. ¿Qué tipo de trabajo les recomiendas?

a repartidor(a) de periódicos
b canguro
c ayudante en una tienda
d asistente/a en clase de idiomas
e cuidador(a) de perros
f entrenador(a) de deportes

💬 Hablar

4 Haz un sondeo en clase. Pregunta a cinco compañeros/as: ¿qué trabajo a tiempo parcial te gustaría hacer? Recoge los resultados.

✏️ Escribir

5 Escribe las cinco frases de la actividad 4 en tu cuaderno. Ponlas en tercera persona. Mira las páginas 144–145 de la sección de gramática.

*Ejemplo: David **tiene** la intención de ser cuidador de perros.*

📖 Leer

6 The student in the poem has started his new school. Answer the questions in English.

a How does he describe the size of the school building?
b What is in the middle of the school?
c What does his mum not know?
d Do you think the student has a positive or negative opinion of his new school?

⚙️ Estrategia

Reading a literary text

First look at the title, then look at the task. Next, read the text and get an idea of what it is about (gist). Try to work out unfamiliar words from the language that surrounds them (context). Finally, sometimes you have to work things out based on limited information (inference).

Mi colegio nuevo (*extract*)

Hoy estreno, mamá
colegio nuevo:
es grande como el campo
y toca el cielo.
Tiene la sierra a un lado
y al otro el pueblo:
los libros y los mapas
quedan en medio.
¡No sabes cuánto estudio
y cuánto aprendo
y cuántos profesores
y amigos tengo!

Apuleyo Soto Pajares

6.7

¡Zona cultura!
Unas clases en el instituto español

HOY, EN CLASE DE HISTORIA, APRENDEMOS SOBRE LOS MONUMENTOS ESPAÑOLES...

Después de Italia y China, España es el tercer país del mundo con más monumentos declarados patrimonio cultural por la UNESCO (Organización de las Naciones Unidas para la Educación, la Ciencia y la Cultura).

Curiosidades
- En la fachada de la Catedral Nueva de Salamanca, ¡hay una estatua de un astronauta! En la restauración de 1992, el arquitecto añadió decoraciones modernas.
- Las casas colgadas de Cuenca tienen balcones impresionantes sobre el río Huécar y en su interior se encuentra el Museo de Arte Abstracto Español. El origen de las casas es un misterio.
- En el pasado, Toledo fue la capital de España antes que Madrid. Era una ciudad enorme con culturas diferentes y muy cosmopolita. Tiene una catedral famosa y muchos museos.

patrimonio	heritage
la fachada	façade/front of building
añadió	added
casas colgadas	hanging houses

¡Atención!

Remember, you don't need to understand every word of a listening or reading text to be able to answer the questions. Read the task carefully and look/listen out for key words. You can make a note of any new vocabulary afterwards.

Leer

1 Lee la información sobre los monumentos españoles. Lee las frases (a–e) y decide si son verdaderas (V), falsas (F) o no mencionadas (NM).

a China tiene más monumentos declarados patrimonio cultural por la UNESCO que España.
b La catedral de Salamanca está en el norte de la ciudad.
c Las casas colgadas de Cuenca tienen balcones.
d No hay mucha información sobre el origen de las casas colgadas.
e En el pasado, Toledo era muy pequeña.

Mi insti

✏️ Escribir

2 Busca en Internet información sobre la Alhambra, un monumento declarado patrimonio cultural por la UNESCO, luego completa la ficha.

> Nombre del monumento: Alhambra
> Ciudad:
> Fecha de construcción:
> Descripción:
> Tu opinión:

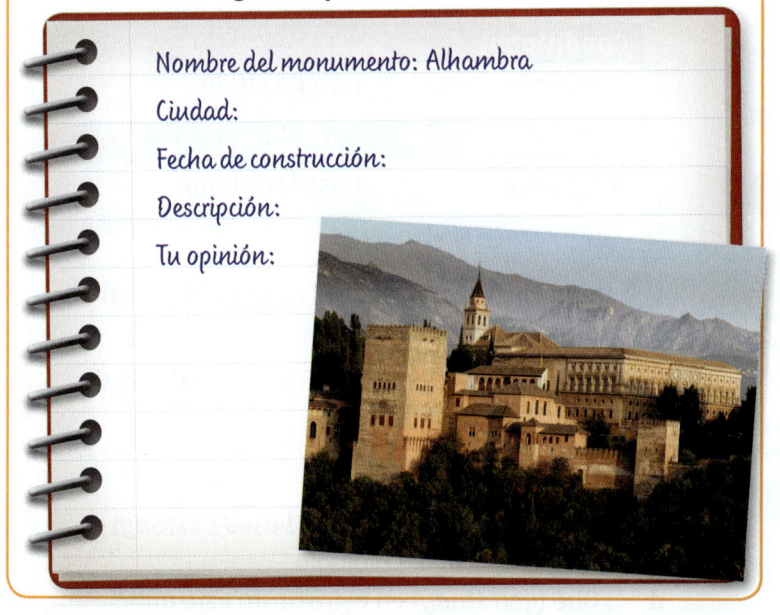

💬 Hablar

3 Usa la información de la actividad 2 para hacer una breve presentación oral en español sobre la Alhambra.

🎧 Escuchar

En clase de geografía, aprendemos sobre las montañas y los ríos…

5 Listen and complete each sentence with the correct information. Be careful, there are more options than you need!

1. In Spain, it is possible to ski in…
2. The Pyrenees are…
3. The tallest mountain in Spain is also…
4. The longest rivers in Spain are…
5. The Tajo is ideal for…

a. a volcano!
b. the Tajo, the Ebro and the Duero.
c. called Aneto.
d. in the north-east.
e. Sierra Nevada, Panticosa and Candanchú.
f. in the north-west.
g. canoeing.
h. the centre.

el piragüismo	canoeing
una cordillera montañosa	mountain range

⇅ Traducir

En clase de literatura, aprendemos sobre Don Quijote de la Mancha, la novela más famosa en español.

4 Read the starter sentence below and continue to translate into English the paragraph about the famous novel *Don Quijote de la Mancha*.

This novel tells the story of Don Quijote, an old knight who…

> Esta novela cuenta la historia de Don Quijote, un caballero viejo que lee muchos libros y tiene mucha imaginación. Su caballo se llama Rocinante y su mejor amigo, Sancho Panza. Don Quijote es alto y muy delgado, pero Sancho es bajo, gordo y bastante perezoso. ¡Sus aventuras son muy divertidas!

ciento treinta y uno

6.8

Labo-lengua

Aa Gramática

Using the verb *estudiar* in different tenses

The forms below can be used for any regular –ar verbs.

Present	
estudio	I study
estudias	you (sing) study
estudia	he/she studies
estudiamos	we study
estudiáis	you (pl) study
estudian	they study

Near future	
voy a estudiar	I am going to study
vas a estudiar	you (sing) are going to study
va a estudiar	he/she is going to study
vamos a estudiar	we are going to study
vais a estudiar	you (pl) are going to study
van a estudiar	they are going to study

Conditional	
estudiaría	I would study

Imperfect	
estudiaba	I used to study

1 Read the sentences and change the English verbs into Spanish.

a Normalmente, Laura (*she studies*) francés y alemán en el instituto.
b Mis padres (*they are going to study*) matemáticas y ciencias.
c En el colegio de primaria, (*I used to study*) educación física y biología.
d ¿Qué (*you study*) en el instituto este año?
e Mis amigos y yo (*we are going to study*) química y tecnología.
f En el futuro, (*I would study*) asignaturas diferentes.

Aa Gramática

Using exclamations with ¡qué...!

¡Qué..! can be followed by an adjective or a noun to make exclamations in Spanish.

- ¡Qué interesante!   How interesting!
- ¡Qué calor!   How hot!
- ¡Qué estadio!   What a stadium!
- ¡Qué pueblo bonito! What a pretty town!

Note that the adjective must still agree with what it describes:

- Me encanta **la** música. ¡Qué divertid**a**!

2 Read the sentences and choose the correct expression.

a Vivo en un piso con mis padres y me gusta mucho... **¡Qué bonito!/¡Qué bonita!**
b **¡Qué fáciles/¡Qué fácil**... es estudiar geografía!
c Me encantaría vivir en Madrid... **¡Qué ciudad!/¡Qué aldea!**
d Detesto la educación física y el teatro... **¡Qué complicada!/¡Qué complicadas!**
e Me gusta mucho mi tío... **¡Qué simpático!/¡Qué antipático!**
f Las matemáticas son interesantes... **¡Qué asignatura!/¡Qué deporte!**

Gramática

Telling the time with *a las*

Use **es** to mean 'it is' when referring to one o'clock, and **son** for all other times.

- **Es la** una.   It's one o'clock.
- **Son las** dos.   It's two o'clock.

State the hour before the minutes, and link them with **y** ('past') or **menos** ('to').

- Es la una **y** cuarto.
  It's quarter past one.
- Son las cuatro **menos** veinte.
  It's twenty to four.

If you are using digital time, just state the hour, **y** and then the minutes past the hour.

- Son las siete y cincuenta.   It's 7.50.

To say **at** what time you do things, swap *es* or *son* with *a*:

- Tengo educación física ~~son~~ **a** las ocho.
- Mi hermana tiene historia ~~es~~ **a** la una.

3 Translate the sentences into Spanish.

a I have maths. It is 2 o'clock.
b I have history at 10 o'clock.
c My friend has Spanish at 2.30.
d I play tennis at 11.15.
e They have science. It is 3.40.
f We study English at 12.20.

Gramática

***Antes de, después de* + infinitive**

Antes de ('before') and *después de* ('after') are followed by the infinitive form of the verb to mean 'before –ing' or 'after –ing'.

- antes de ver la tele
  before watching TV
- después de poner la mesa
  after laying the table

4 Rewrite the sentences in the correct order.

Example:

Después de…   practico natación con mi hermano / estudiar matemáticas

Después de estudiar matemáticas, practico natación con mi hermano.

a Antes de…   biología y física / salir con mis amigos / voy a estudiar
b Después de…   vamos a / estudiar matemáticas / escuchar música
c Después de…   lavo los platos / quitar la mesa / en la cocina
d Antes de…   mi familia / veo la tele con / cenar
e Antes de…   jugamos al baloncesto / visitar a mi abuelo / mi hermano y yo
f Después de…   ir al supermercado / descansan en casa / mis padres

Pronunciación: *t*

The Spanish 't' is a softer sound than the English 't'. Your tongue should touch your front teeth as you say it, and there should be no puff of air from your mouth after you finish. Try holding your hand in front of your mouth as you speak – you shouldn't be able to feel your breath on it!

tomate   simpá**t**ico   **t**oro   plan**t**a

5 Try saying the following: 'Tipi tape tipi tape tipi tape tipitón tipi tape zape zape zapatero remendón tipi tape todo el día todo el año tipitón tipi tape macha macha machacando en tu rincón.'

6.9 El podio de los campeones

Bronce

1 Read the description of Claudio Moyano High School's new building. Complete the table with the correct number or facility.

Instituto Claudio Moyano

¡El nuevo instituto Claudio Moyano está terminado! Tiene cincuenta aulas, quince laboratorios, tres gimnasios, cuatro canchas de tenis y una biblioteca en el centro. Además, hay dos enormes comedores. En el nuevo instituto se pueden estudiar doce asignaturas. Se debe ser puntual en clase y no se debe ensuciar las instalaciones. ¡Va a ser fenomenal!

Number	Facility
50	
	laboratorios
	gimnasios
4	
1	
	comedores

2 Translate the text from *En el nuevo instituto…*

3 What are the facilities like in your school? Write a short paragraph in Spanish. Mention at least six different types of facility and state how many of each there are. Use the description in activity 1 to help you.

Plata

4 Lee las opiniones de estos cuatro jóvenes sobre sus asignaturas, luego lee las frases (a–h). Escribe el nombre de la persona correcta.

Read the opinions of four young people about their school subjects, then read the statements (a–h). Write the name of the correct person.

> Pienso que las ciencias son difíciles, pero me interesan mucho. En septiembre, voy a estudiar biología en la universidad. ¡Qué divertido! **Antonio**
>
> Me gusta el inglés porque la poesía me fascina. Además, mi pasatiempo favorito es leer. **Juanjo**
>
> La clase de geografía me aburre mucho y a veces el profesor es un poco despistado. **Santi**
>
> Tengo exámenes en junio y me gustaría sacar las notas más altas de mi clase. ¡Voy a estudiar mucho! **Nacho**

a My teacher is a bit forgetful!
b I have exams in the summer.
c I am going to university in the autumn.
d One of my classes really bores me.
e I will work very hard.
f Poetry fascinates me.
g My favourite subject matches my hobby.
h I want to be top of the class!

5 ¿Qué opinas de tus asignaturas? ¿Qué vas a estudiar en el futuro? Escribe 40 palabras en español. Debes incluir todas las palabras de abajo.

What do you think about your school subjects? What are you going to study in the future? Write forty words in Spanish. You should include all the words below.

además | el profesor | porque | estudio
me encanta | voy a | estudiar | sin embargo

Oro

6 Lee el blog de Juan Carlos sobre sus planes de futuro. Contesta las preguntas en español.

> En agosto, tengo la intención de trabajar como voluntario en un pueblo del norte de la India. Voy a ser asistente a tiempo parcial en un instituto. Me gustaría hacer nuevos amigos y aprender hindi. ¡Qué interesante! En el futuro, espero estudiar geografía en la universidad y quisiera viajar a diferentes países. Me fascinan las diferentes culturas y la naturaleza. ¡Mi animal favorito es el rinoceronte!

a ¿Cuándo va a trabajar como voluntario?
b ¿Dónde va a trabajar?
c ¿Qué tipo de trabajo va a hacer?
d ¿Qué idioma va a aprender?
e ¿Qué va a estudiar en la universidad?
f ¿Cuál es su animal favorito?

7 Traduce las frases al español.

a I have the intention of working as a babysitter.
b I am going to be a volunteer in Bolivia.
c I would like to learn Spanish.
d In the future, I hope to travel to Argentina.
e Spanish culture fascinates me.

8 Escribe un párrafo con dos o tres tiempos verbales sobre tu instituto. Menciona:
- qué hay en tu insti
- opiniones sobre las asignaturas que estudias: ahora, en el pasado y en el futuro.

¡Arriba, arriba!

Writing in different tenses can give you access to very high marks. To make this easier, it is a good idea to make a list of some past or future expressions, learn them carefully and use them regularly in your written work.

6.10

¡Demuestra lo que sabes!

🎧 Escuchar

1 Listen to four students discuss their extracurricular activities and future trips. Complete the table in English.

	Activities	Future trip
Mateo	athletics club	Barcelona
Ibrahim		
Lupita		
Sandra		

📖 Leer

2 Read Ariana's description of a typical day in her Spanish school. Complete the summary below it in English with the correct information.

Para mí, el lunes es un día bastante interesante. Primero, tengo inglés a las nueve menos diez. ¡Se debe ser puntual! Luego estudio historia. En mi opinión, es una asignatura bastante difícil pero muy útil. Voy a hacer un viaje cultural al norte de España en mayo. Tengo recreo a las once y después, tengo educación física. Es una pasada porque tenemos unas instalaciones fantásticas. Por la tarde, tengo informática. ¡Qué rollazo!

For me, **1** _____ is quite an interesting day. I have an English lesson at **2** _____. You **3** _____ be on time! I find history quite difficult, but very **4** _____. I am going to the **5** _____ of Spain in May. **6** _____ is at 11 o'clock. PE is **7** _____ because we have fantastic **8** _____. In the **9** _____ I have ICT. What a **10** _____!

💬 Hablar

3 Elige tu día de colegio favorito y dile a un(a) compañero/a cuál es tu horario. Usa la descripción de la actividad 2 para ayudarte.

✏️ Escribir

4 Escribe un párrafo en español que mencione:

- tu asignatura favorita y por qué te gusta
- **tres** instalaciones que tiene tu instituto
- **tres** actividades extraescolares que ofrece tu instituto
- **dos** de tus planes académicos para el futuro.

136 ciento treinta y seis

6.11 Mi lista de logros

I can...

6.1 Todo lo que estudio

- ☐ name at least eight school subjects
- ☐ give some new basic opinions about school subjects
- ☐ use the verb *estudiar* in a range of tenses
- ☐ vary my language in speaking and writing

- *el español, el inglés, las ciencias...*
- *me aburre, me da igual, me entretiene...*
- *estudio, voy a estudiar, estudiaba, estudiaría*
- use new opinion expressions, different tenses, new vocabulary

6.2 ¡Uff! ¡Qué rollazo!

- ☐ use adjectives to describe subjects
- ☐ make adjectival agreements when describing subjects
- ☐ say what my teacher is like
- ☐ use some slang expressions in Spanish

- *práctico, útil, fácil...*
- *la música es divertida...*
- *mi profesor es muy gracioso*
- *¡qué rollazo!, es guay, una pasada...*

6.3 Mi horario escolar

- ☐ describe my school timetable
- ☐ tell the time in Spanish
- ☐ say at what time I have certain subjects
- ☐ describe my ideal school day

- *el lunes tengo historia*
- *son las dos, son las cuatro y media*
- *tengo geografía a la una*
- *tendría inglés a las nueve, habría dos horas de música*

6.4 Lo que hay en mi insti

- ☐ talk about the facilities in my school
- ☐ say what I can and can't do using *(no) se puede*
- ☐ understand school rules with *(no) se debe*
- ☐ describe a photo with certain expressions

- *hay laboratorios, aulas, una biblioteca*
- *se puede practicar deportes...*
- *se debe prestar atención en clase...*
- *en la foto hay..., en primer plano... se puede ver...*

6.5 Y después de las clases...

- ☐ talk about extracurricular activities
- ☐ discuss school trips and excursions
- ☐ use the expressions *antes de* and *después de*
- ☐ use the expression *al* + infinitive

- *hay un club de..., un taller de...*
- *hay un viaje cultural a..., una excursión a...*
- *antes de practicar natación...*
- *al entrar en clase...*

6.6 Mis planes

- ☐ talk about my future plans
- ☐ use a range of key future expressions
- ☐ name some part-time jobs
- ☐ understand how to read a literary text

- *voy a trabajar como voluntario, voy a aprender chino...*
- *quisiera..., voy a..., me gustaría..., me encantaría..., espero...*
- *canguro, asistente, cuidador, entrenador...*
- *gist, context, inference...*

Vocabulario

6.1 Todo lo que estudio
Everything I study

las asignaturas	subjects
la clase	class
¿Qué estudias?	What do you study?
Estudio…	I study…
la biología	biology
las ciencias	sciences
el dibujo	art
la educación física	P.E.
el español	Spanish
la física	physics
el francés	French
la geografía	geography
la gimnasia	gymnastics, P.E.
la historia	history
los idiomas	languages
la informática	ICT
el inglés	English
las matemáticas	maths
la música	music
la química	chemistry
el teatro	drama
la tecnología	technology
el colegio	school
estudiar	to study
el instituto	school
obligatorio/a	compulsory
me aburre	it bores me
me anima	it cheers me up
me apasiona	it's a passion of mine
me da igual	it's all the same to me
me entretiene	it entertains me

6.2 ¡Uff! ¡Qué rollazo!
How dull!

aburrido/a	boring
difícil	difficult
divertido/a	fun
duro/a	hard
fácil	easy
interesante	interesting
práctico/a	practical
útil	useful
el/la profesor(a) es…	the teacher is…
despistado/a	forgetful
estricto/a	strict
gracioso/a	funny
guay	cool
inteligente	intelligent
tolerante	tolerant
trabajador(a)	hard-working

6.3 Mi horario escolar
My school timetable

la hora	time
¿Qué hora es?	What time is it?
Es/Son…	It is…
¿A qué hora…?	At what time…?
A la/las	At…
y cuarto	quarter past
y media	half past
menos cuarto	quarter to
el día	day
especial	special
el horario	timetable
el recreo	break
los domingos	on Sundays
los sábados	on Saturdays

6.4 Lo que hay en mi insti
What's in my school

las instalaciones	facilities
¿Qué hay en tu instituto?	What is there in your school?
los aseos	toilets
el aula	classroom
la biblioteca	library
la cancha (de baloncesto)	(basketball) court
el comedor	canteen
el gimnasio	gym
el laboratorio	laboratory
la planta baja	ground floor
la sala de profesores	staff room
el salón de actos	theatre
las taquillas	lockers
el uniforme	uniform
se debe/no se debe	you must/you must not
se puede/no se puede	you can/you cannot
charlar	to chat
comer chicle	to chew gum
comer en el comedor	to eat in the canteen
correr por los pasillos	to run down the corridors
ensuciar las instalaciones	to dirty/damage the facilities
estar en silencio	to be silent
gritar en clase	to shout in class
hacer los deberes	to complete your homework
prestar atención	to pay attention
respetar a los profesores	to respect the teachers
ser educado/a	to be polite
ser maleducado/a	to be rude
ser puntual	to be on time
usar el móvil	to use your mobile

6.5 Y después de las clases…
And after school…

cocinar	to cook
memorizar	to memorise
participar	to participate
tener que	to have to
tener tiempo	to have time
la actividad	activity
anual	annual
las artes marciales	martial arts
el campeonato	championship
el club…	
…de ajedrez	chess club
…de cine	film club
…de deberes	homework club
…de literatura	book club
…de fotografía	photography club
la excursión	excursion
extraescolar	extracurricular
la jornada	day
las manualidades	craft
el partido	match
el taller	workshop
el viaje	trip

6.6 Mis planes
My plans

aprender	to learn
concentrarse	to concentrate
esperar	to hope
hacer amigos nuevos	to make new friends
repasar	to revise
sacar notas altas	to get high grades
tener la intención de	to have the intention of
trabajar	to work
competitivo/a	competitive
el curso que viene	next academic year
estresado/a	stressed
voluntario/a	volunteer
el yoga	yoga
el/la asistente/a	assistant
el/la ayudante	helper
el/la canguro	babysitter
el/la cuidador(a)	carer
el/la entrenador(a) de deportes	sports coach
el/la repartidor(a) de periódicos	paper delivery boy/girl
el trabajo a tiempo parcial	part-time job

You'll find more useful vocabulary on pages 6–7 and in the glossary at the back of this book.

Gramática

Nouns: Gender

A noun identifies a person, a place or a thing. All nouns in Spanish have either masculine or feminine gender. Masculine nouns often end in –o, and feminine nouns in –a.

Masculine nouns:

perro – dog

apartamento – flat, apartment

primo – (male) cousin

atletismo – athletics

Feminine nouns:

tortuga – tortoise

casa – house

música – music

abuela – grandmother

Number

Nouns in Spanish can be either singular (one) or plural (more than one). Nouns that end in a vowel add an –s in the plural form.

hermano ➜ *hermanos* – brothers

abuela ➜ *abuelas* – grandmothers

estadio ➜ *estadios* – stadiums

If the noun ends in a consonant, –es is added to form the plural.

comedor ➜ *comedores* – dining rooms

salón ➜ *salones* – lounges, living rooms

Note that if the noun ends in a –z, the –z is replaced by –ces in the plural.

pez ➜ *peces* – fish

lápiz ➜ *lápices* – pencils

The definite article

In Spanish, the definite article, 'the', has four different forms relating to gender and number.

	masculine	feminine
singular	el	la
plural	los	las

el piso – the flat

la familia – the family

los dormitorios – the bedrooms

las cobayas – the guinea pigs

When talking about things in a more general sense, the definite article is still used in Spanish, even though it is not used in English.

El fútbol es muy emocionante. – Football is very exciting.

Me gustan las casas modernas. – I like modern houses.

The indefinite article

The indefinite article also has four different forms. In the singular form, it means 'a', whereas in the plural it means 'some'.

	masculine	feminine
singular	un	una
plural	unos	unas

un hermano – **a** brother

una biblioteca – **a** library

unos libros – **some** books

unas montañas – **some** mountains

Adjectives

An adjective is a word that provides a noun with a description or a quality.

In Spanish, all adjectives agree in gender and number with the noun they describe.

Gramática

	masculine	feminine	masc. plural	fem. plural
nice	simpático	simpática	simpáticos	simpáticas
interesting	interesante	interesante	interesantes	interesantes
easy	fácil	fácil	fáciles	fáciles
chatty	hablador	habladora	habladores	habladoras

un deporte interesante – an interesting sport

unos deportes interesantes – some interesting sports

una tía simpática – a nice aunt

dos tías simpáticas – two nice aunts

las matemáticas fáciles – easy maths

los abuelos habladores – chatty grandads

Note that colours are also adjectives and must follow the rules above.

unas serpientes amarillas – some yellow snakes

Remember that adjectives also generally go after the noun they describe.

una asignatura fácil – an easy subject

un perro grande y negro – a big black dog

Personal pronouns

Personal pronouns are used instead of the noun. They are not as common in Spanish as they are in English. This is because in Spanish, it is the ending of the verb that shows who is speaking.

	I	yo
Singular	you	tú
	he/she/it	él/ella
Plural	we	nosotros/nosotras
	you	vosotros/vosotras
	they	ellos/ellas

'*Yo tengo un hermano*' has the same meaning as '*Tengo un hermano*', but it can also provide emphasis ('I **do** have a brother').

Ella estudia inglés pero él estudia alemán. – She studies English but he studies German.

Also note expressions such as:
soy yo – it's me
eres tú – it's you

Verbs: Infinitives

A verb is a word used to describe an action or state. The basic form of a verb is called an infinitive (*infinitivo*). In Spanish, there are three types of infinitive: *–ar* (the most common type), *–er* and *–ir*.

–ar
jugar – to play
cantar – to sing
practicar – to practise
–er
comer – to eat
beber – to drink
aprender – to learn
–ir
vivir – to live
escribir – to write
abrir – to open

The present tense – regular verbs

This tense refers to current actions and general descriptions. To form the present tense, take off the *–ar*, *–er* or *–ir* of the infinitive and replace it with one of the following endings.

	–ar	–er	–ir
I	o	o	o
you (singular)	as	es	es
he/she/it	a	e	e
we	amos	emos	imos
you (plural)	áis	éis	ís
they	an	en	en

bailar – to dance   *bailo* – I dance
visitar – to visit   *visitamos* – we visit
estudiar – to study   *estudian* – they study

ciento cuarenta y uno **141**

Gramática

The present tense – irregular verbs

Irregular verbs do not follow the pattern of regular verbs and must be learnt. Some key verbs, such as *ser, tener* and *ir* are irregular in the present tense. To see these and other irregular verbs, refer to page 145.

ser – to be	*soy* – I am
tener – to have	*tengo* – I have
ir – to go	*voy* – I go

The near future tense

By combining a form of the verb *ir* in the present tense with the preposition *a* and an infinitive, you can say what you or others are going to do in the near future.

voy
vas
va   + *a* + infinitive
vamos
vais
van

Lola va a cantar. – Lola is going to sing.

Vamos a ver la tele. – We are going to watch TV.

Mis primos van a estudiar español. – My cousins are going to study Spanish.

The negative

Making a sentence negative in Spanish is as simple as adding *no* before the verb.

Me gusta mi casa. ➜ **No** *me gusta mi casa.*

Tenemos un perro grande. ➜ **No** *tenemos un perro grande.*

It is important to avoid following English word order when forming negative sentences.

No es interesante. – It is not interesting.

This simple negative construction also works in questions.

¿No tienes un animal en casa? – Don't you have a pet at home?

¿No tienes una regla? – Don't you have a ruler?

Verbs like *me gusta*

Me gusta ('I like') literally translates as 'it is pleasing to me'. This means that an –*n* must be added to the end of the verb when what you or someone else likes is plural, i.e. 'they are pleasing to me'.

Me gusta mi perro. ➜ *Me gusta**n** mis perros.*

Other verbs you have come across that work in this way include *me mola, me chifla, me fascina* and *me interesa*.

singular
Me gusta el inglés.
Me fascina el fútbol.
Me interesa bailar.
plural
Me gusta**n** el inglés y el francés.
Me fascina**n** los deportes.
Me interesa**n** las actividades extraescolares.

Opinions with infinitives

Follow an opinion verb with an infinitive where in English a gerund (–ing) is often used.

Me encanta nadar. – I love swimming.

Prefiero salir con amigos. – I prefer going out with friends.

Me gusta ir a la costa. – I like going to the coast.

Me fascina cantar en el coro. – Singing in the choir fascinates me.

No me gusta montar a caballo. – I don't like horse-riding.

Interrogatives

Some of the most common question words in Spanish are:

¿qué?	what?
¿cuándo?	when?
¿cómo?	how?
¿cuánto/a/s?	how many?

Although it is important to know what they mean, they aren't always used as you would expect.

142 ciento cuarenta y dos

¿Cómo te llamas? – What is your name? (Literally: how do you call yourself?)

¿Cuántos años tienes? – How old are you? (Literally: how many years do you have?)

Note that any statement can be turned into a yes/no question simply by adding question marks: ¿ _____ ? When speaking, clear question intonation should be used.

La casa es muy grande. – The house is very big.
¿La casa es muy grande? – Is the house very big?

Tu madre tiene cuarenta años. – Your mum is forty years old.
¿Tu madre tiene cuarenta años? – Is your mum forty years old?

A mi hermano le gusta ver la tele – My brother likes watching TV
¿A mi hermano le gusta ver la tele? – Does my brother like watching TV?

Adverbs

Adverbs are words that change the meaning of a verb or adjective.

Adverbs of frequency (stating how often something is done) include the following:

siempre	always
a veces	sometimes
a menudo	often
raras veces	rarely
nunca	never

Siempre leo un libro en la biblioteca. – I always read a book in the library.

A veces nosotros vemos la tele. – Sometimes we watch TV.

Other adverbs can also be formed by adding *–mente* to the end of a feminine singular adjective.

rápidamente	quickly
lentamente	slowly
personalmente	personally
fácilmente	easily
generalmente	generally
normalmente	normally

All of these adverbs are usually placed either before the verb or at the end of the sentence.

Normalmente visito a mis abuelos los jueves. – Normally I visit my grandparents on Thursdays.

La tortuga camina lentamente. – The tortoise walks slowly.

Vivo a las afueras de Madrid. – I live on the outskirts of Madrid.

Ella hace los deberes rápidamente. – She does her homework quickly.

Prepositions of place

Prepositions of place are used to refer to where something or someone is located.

delante de	in front of
detrás de	behind
encima de	on top of
debajo de	beneath
al lado de	next to

delante de la casa – in front of the house

al lado de la ventana – next to the window

Contractions

When the preposition *de* is used before the masculine article *el*, both words merge to form **del**.

al lado de el parque ➡ *al lado **del** parque*

encima de el cuaderno ➡ *encima **del** cuaderno*

Also, the preposition *a* and *el* merge to form **al**.

Vamos a el estadio de fútbol. ➡ *Vamos **al** estadio de fútbol.*

Mi tía va a el hospital. ➡ *Mi tía va **al** hospital.*

ciento cuarenta y tres **143**

Gramática

Regular verbs

	estudiar – to study	*comer* – to eat	*vivir* – to live
yo	estudio	como	vivo
tú	estudias	comes	vives
él/ella	estudia	come	vive
nosotros/as	estudiamos	comemos	vivimos
vosotros/as	estudiáis	coméis	vivís
ellos/as	estudian	comen	viven

	hablar – to talk	*beber* – to drink	*escribir* – to write
yo	hablo	bebo	escribo
tú	hablas	bebes	escribes
él/ella	habla	bebe	escribe
nosotros/as	hablamos	bebemos	escribimos
vosotros/as	habláis	bebéis	escribís
ellos/as	hablan	beben	escriben

Stem-changing verbs

	jugar – to play	*volver* – to return	*preferir* – to prefer
yo	juego	vuelvo	prefiero
tú	juegas	vuelves	prefieres
él/ella	juega	vuelve	prefiere
nosotros/as	jugamos	volvemos	preferimos
vosotros/as	jugáis	volvéis	preferís
ellos/as	juegan	vuelven	prefieren

	pensar – to think	*perder* – to lose	*repetir* – to repeat
yo	pienso	pierdo	repito
tú	piensas	pierdes	repites
él/ella	piensa	pierde	repite
nosotros/as	pensamos	perdemos	repetimos
vosotros/as	pensáis	perdéis	repetís
ellos/as	piensan	pierden	repiten

Modal verbs

	querer – to want	*poder* – to be able to
yo	quiero	puedo
tú	quieres	puedes
él/ella	quiere	puede
nosotros/as	queremos	podemos
vosotros/as	queréis	podéis
ellos/as	quieren	pueden

Reflexive verbs

	llamarse – to be called	*levantarse* – to get up	*aburrirse* – to get bored
yo	me llamo	me levanto	me aburro
tú	te llamas	te levantas	te aburres
él/ella	se llama	se levanta	se aburre
nosotros/as	nos llamamos	nos levantamos	nos aburrimos
vosotros/as	os llamáis	os levantáis	os aburrís
ellos/as	se llaman	se levantan	se aburren

Irregular verbs

	ser – to be	*estar* – to be	*tener* – to have
yo	soy	estoy	tengo
tú	eres	estás	tienes
él/ella	es	está	tiene
nosotros/as	somos	estamos	tenemos
vosotros/as	sois	estáis	tenéis
ellos/as	son	están	tienen

	hacer – to do/make	*ir* – to go	*salir* – to go out
yo	hago	voy	salgo
tú	haces	vas	sales
él/ella	hace	va	sale
nosotros/as	hacemos	vamos	salimos
vosotros/as	hacéis	vais	salís
ellos/as	hacen	van	salen

	dar – to give	*venir* – to come	*ver* – to see
yo	doy	vengo	veo
tú	das	vienes	ves
él/ella	da	viene	ve
nosotros/as	damos	venimos	vemos
vosotros/as	dais	venís	veis
ellos/as	dan	vienen	ven

Glosario

> Here is a key to the abbreviations used in the glossary:
>
> **adj**   adjective – a describing word
>
> Valencia es **turística** y **grande**.
>
> **adv**   adverb – a word that describes or changes the meaning of a verb or adjective
>
> **Normalmente** visito a mis abuelos los jueves.
>
> **conj**   conjunction – a word used to connect phrases
>
> Me gusta la natación **porque** es divertida.
>
> **n**   noun – a person, animal, object, place or thing
>
> Juego al **baloncesto** con mi **amiga Nahia**.
>
> **prep**   preposition – a word that specifies time, direction or place
>
> Los platos están **sobre** la mesa.
>
> **v**   verb – a 'doing' or 'being' word
>
> Julia **tiene** una hermana que **se llama** Lola.

A

	abajo	adv	downstairs, below
	abril	n	April
	abrir	v	to open
la	abuela	n	grandmother
el	abuelo	n	grandfather
los	abuelos	n pl	grandparents
me	aburre		it bores me (from *aburrir*)
	aburrido/a	adj	boring
el	acceso	n	access
la	actividad	n	activity
	activo/a	adj	active
el/la	actor/actriz	n	actor/actress
	actualmente	adv	currently
	actuar	v	to act/perform
de	acuerdo		in agreement
	además	conj	furthermore
	¡Adiós!		Goodbye!
	adivina…		guess… (from *adivinar*)

	afuera	adv	outside
las	afueras	n pl	outskirts
	agosto	n	August
	agresivo/a	adj	aggressive
	ahora	adv	now
el	aire	n	air
el	ajedrez	n	chess
la	aldea	n	village
	alegre	adj	happy
la	alergia	n	allergy
el	alfabeto	n	alphabet
	allí	adv	there
	alto/a	adj	tall
	amarillo/a	adj	yellow
el/la	amigo/a	n	friend
me	anima		it cheers me up (from *animar*)
el	animal	n	animal
el	año	n	year
	antes	adv	before

Glosario

	antiguo/a	adj	old
	antipático/a	adj	unfriendly
	anual	adj	annual
el	apartamento	n	apartment
me	apasiona		it's a passion of mine (from *apasionar*)
	apasionante	adj	exciting
el	apellido	n	surname
	apoyar	v	to support
	aprender	v	to learn
	apropiado/a	adj	appropriate
	apunta…		note down… (from *apuntar*)
	aquí	adv	here
el	área	n	area
	Argentina	n	Argentina
el	armario	n	wardrobe
	arriba	adv	upstairs, above
	arrogante	adj	arrogant
las	artes marciales	n pl	martial arts
el/la	artista	n	(performing) artist
el	aseo	n	toilet
las	asignaturas	n pl	subjects
el/la	asistente/a	n	assistant
la	aspiradora	n	hoover
	¡Atención a…!		Watch out for…!
el	ático	n	attic
el	atletismo	n	athletics
el	aula	n	classroom
el	AVE	n	high-speed train
el/la	ayudante	n	helper
	ayudar	v	to help
	azul	adj	blue

B

el	bádminton	n	badminton
	bailar	v	to dance
	bajo/a	adj	short
el	balcón	n	balcony
el	ballet	n	ballet
el	baloncesto	n	basketball
el	balonmano	n	handball
el	banco	n	bank
el	baño	n	bathroom
la	barba	n	beard
el	barco	n	boat, ferry
el	barrio	n	neighbourhood, area
	bastante	adv	quite
el	béisbol	n	baseball
la	biblioteca	n	library
	bien	adv	well
el	bigote	n	moustache
la	biología	n	biology
	blanco/a	adj	white
el	bloque	n	block
la	boca	n	mouth
el	bolígrafo	n	pen
	bonito/a	adj	pretty
el	boxeo	n	boxing
	breve	adj	brief, short
la	brújula	n	compass
	Buenas noches		Good night
	Buenas tardes		Good afternoon
	Buenos días		Good morning/Good day
	busca…		find… (from *buscar*)

C

el	caballo	n	horse
la	calle	n	street, road
el	calor	n	heat
	calvo/a	adj	bald
la	cama	n	bed
	cambia…		change… (from *cambiar*)
el/la	campeón/campeona	n	champion
el	campeonato	n	championship

ciento cuarenta y siete **147**

Glosario

el	campo	n	countryside
la	cancha (de baloncesto)	n	(basketball) court
la	canción	n	song
el/la	canguro	n	babysitter
el/la	cantante	n	singer
	cantar	v	to sing
la	capital	n	capital
la	cara	n	face
el	carácter	n	personality
la	caravana	n	caravan
el	carnet de identidad	n	ID card
la	casa	n	house
la	casa de campo	n	country house
la	caseta	n	kennel
	castaño	adj	brown (hair)
el	castillo	n	castle
la	catedral	n	cathedral
	catorce	adj	fourteen
el	centímetro	n	centimetre
el	centro	n	centre
	cerca	adv	near
el	césped	n	lawn
el	chalet	n	villa
	charlar	v	to chat
	chatear	v	to chat
el	chicle	n	chewing gum
me	chifla		I love (from *chiflar*)
	Chile	n	Chile
el	ciclismo	n	cycling
las	ciencias	n pl	sciences
el	cine	n	cinema
la	ciudad	n	city
	claro/a	adj	light
la	clase	n	class
el	club	n	club
la	cobaya	n	guinea pig
la	cocina	n	kitchen

	cocinar	v	to cook
la	colada	n	washing/laundry
el	colegio	n	school

Después de las clases

después de las clases	after school
las actividades extraescolares	extracurricular activities
¿Qué actividad extraescolar te gustaría hacer?	Which extracurricular activity would you like to do?
En mi colegio hay...	In my school there is...
...un club de ajedrez	...a chess club
...un club de cine	...a film club
...un club de deberes	...a homework club
...un club de fotografía	...a photography club
...un taller de manualidades	...a craft workshop

	Colombia	n	Colombia
el	color	n	colour
de	colores	adj	colourful
el	comedor	n	canteen/dining room
	comer	v	to eat
	¿cómo?		how?
	¿Cómo es?		What is he/she like?
	¿Cómo estás?		How are you?
	cómodo/a	adj	comfortable
	competitivo/a	adj	competitive
	completa...		complete... (from *completar*)
	complicado/a	adj	complicated
la	compra	n	shopping
	comprar	v	to buy
	con	prep	with
	concentrarse	v	to concentrate
el	concierto	n	concert
el	conejo	n	rabbit
en	contacto con		in contact with
la	contaminación	n	pollution

Glosario

	contener	v	to contain
	contesta...		answer... (from *contestar*)
	contrario	adj	opposite
al	contrario		on the other hand
	conveniente	adj	convenient
la	conversación	n	conversation
	copia...		copy... (from *copiar*)
el	coro	n	choir
	correcto/a	adj	right
	correr	v	to run
	cortar	v	to cut
	corto/a	adj	short
	cosmopolita	adj	cosmopolitan
la	costa	n	coast
	cruzar	v	to cross
el	cuaderno	n	exercise book
	¿cuándo?		when?
	¿Cuándo es tu cumpleaños?		When is your birthday?
	¿cuánto?		how much/many?
	¿Cuántos años tienes?		How old are you?
menos	cuarto		quarter to
y	cuarto		quarter past
	Cuba	n	Cuba
	¡Cuidado!		Be careful!
el/la	cuidador(a)	n	carer
la	cultura	n	culture
el	cumpleaños	n	birthday
el	curso	n	academic year

D

	me	da igual		it's all the same to me (from *dar*)
		dar	v	to give
		debajo de	prep	underneath
		deber	v	to have to
los		deberes	n pl	homework

	delante de	prep	in front of
	delgado/a	adj	thin
	demasiado	adv	too (much)
los	deportes	n pl	sports
los	deportes acuáticos	n pl	water sports

Los deportes
Me gustan/No me gustan los deportes.	I like/I don't like playing sport.
¡Soy deportista!	I am sporty!
Juego...	I play...
Practico...	I play/practise...
Hago...	I do...
Mi deporte favorito es...	My favourite sport is...
Mi deportista favorito/a es...	My favourite sportsperson is...

	deportista	adj	sporty
el/la	deportista	n	sportsperson
a la	derecha		on the right
	descansar	v	to relax
	describe...		describe... (from *describir*)
las	descripciones físicas	n pl	physical descriptions
el	desierto	n	desert
	despistado/a	adj	forgetful
	después	adv	after
el	destino	n	destination
	detesto		I detest (from *detestar*)
	detrás de	prep	behind
al	día		per day
el	día	n	day
el	diálogo	n	dialogue
el	dibujo	n	art, picture
	diciembre	n	December

ciento cuarenta y nueve **149**

Glosario

	diferente	adj	different
	difícil	adj	difficult
la	dirección	n	direction, address
la	discoteca	n	nightclub
	diseña...		draw/design... (from *diseñar*)
	divertido/a	adj	fun
	divorciado/a	adj	divorced
el	domingo	n	Sunday
	¿dónde?		where?
	¿De dónde es?		Where is he/she from?
	¿Por dónde se va...?		How do I get to...?
el	dormitorio	n	bedroom
	duro/a	adj	hard

E

la	edad	n	age
la	educación física	n	P.E.
	educado/a	adj	polite
	emocionante	adj	exciting
	empareja...		match... (from *emparejar*)
me	encanta	prep	I love
	encima de	adv	on top of
	encuentra...		find... (from *encontrar*)
	enero	n	January
	enorme	adj	enormous
	ensuciar	v	to dirty/damage
de	ensueño	adj	dream
	entre	prep	between
el/la	entrenador(a) de deportes	n	sports coach
me	entretiene		it entertains me (from *entretener*)
	entusiasta	adj	enthusiastic
el	equipo	n	team
la	equitación	n	horse riding
	era		it was (from *ser*)
las	escaleras	n pl	stairs

	escribe...		write... (from *escribir*)
	escribir	v	to write
	escucha...		listen... (from *escuchar*)
	escuchar	v	to listen
el	espacio	n	space
	espacioso/a	adj	spacious
	España	n	Spain
el	español	n	Spanish
	especial	adj	special
el	espejo	n	mirror
	esperar	v	to hope
la	estación de tren	n	train station
el	estadio	n	stadium
	Estados Unidos	n	United States
la	estantería	n	shelves, bookcase
	estaría		I/it would be (from *estar*)
el	este	n	east
el	estilo	n	style
	estresado/a	adj	stressed
	estresante	adj	stressful
	estricto/a	adj	strict
el	estuche	n	pencil case
	estudiar	v	to study
el	estudio	n	study
	estudio...		I study... (from *estudiar*)
	estupendo/a	adj	wonderful
el	examen	n	exam
	excelente	adj	excellent
la	excursión	n	excursion
	existir	v	to exist
	exótico/a	adj	exotic
la	exposición de arte	n	art exhibition
	extraescolar	adj	extracurricular

Glosario

F

	fácil	adj	easy
	falso/a	adj	false
la	familia	n	family

La familia
En mi familia somos cuatro. — There are four of us in my family.
¿Tienes hermanos? — Do you have any siblings?
Tengo dos hermanas. — I have two sisters.
Soy hijo/a único/a. — I am an only child.
Mis padres son… — My parents are…
Mi hermano es… — My brother is…
Mi tía se llama… — My aunt is called…
Mis abuelos se llaman… — My grandparents are called…

	famoso/a	adj	famous
el/la	famoso/a	n	famous person
el/la	fan	n	fan
	fantástico/a	adj	fantastic
me	fascina		it fascinates me (from *fascinar*)
	fatal	adj	awful
	favorito/a	adj	favourite
	febrero	n	February
la	fecha	n	date
	fenomenal	adj	great, excellent
	feo/a	adj	ugly
	feroz	adj	ferocious
el	fin de semana	n	weekend
al	final		at the end
	finalmente	adv	finally
el	finde	n	weekend
la	física	n	physics
la	foto	n	photo/picture
el	francés	n	French
la	frase	n	sentence
	fregar	v	to wash/scrub
	fresco/a	adj	fresh
el	frío	n	cold
	frío/a	adj	cold
el	fútbol	n	football

G

las	gafas	n pl	glasses
el	garaje	n	garage
el	gato	n	cat
los/las	gemelos/as	n pl	twins
	generoso/a	adj	generous
la	geografía	n	geography
la	gimnasia	n	gymnastic, P.E.
el	gimnasio	n	gym
el	golf	n	golf
la	goma	n	eraser
	gordo/a	adj	fat
	(muchas) gracias		thank you (very much)
	gracioso/a	adj	funny
	grande	adj	big
la	granja	n	farm
	gris	adj	grey
	gritar	v	to shout
el	grupo	n	group
	guapo/a	adj	good-looking
	guay	adj	cool
	Guinea Ecuatorial	n	Equatorial Guinea
me	gusta (mucho)		I like (a lot) (from *gustar*)
no me	gusta (nada)		I don't like (at all)
me	gustaría		I would like

ciento cincuenta y uno 151

Glosario

H

	había		there was (from *haber*)
la	habitación	n	room, bedroom
	habla...		talk... (from *hablar*)
	hablar	v	to speak
	habría		there would be (from *haber*)
	hacer	v	to do, make
	hasta	prep	until
	hasta la vista		see you later
	hasta luego		see you later
	hay...		there is... (from *haber*)
	haz...		do/make... (from *hacer*)
la	hermana	n	sister
la	hermanastra	n	stepsister
el	hermanastro	n	stepbrother
el	hermano	n	brother
los	hermanos	n pl	siblings
la	hija única	n	only child (daughter)
el	hijo único	n	only child (son)
	hispanohablante	adj	Spanish-speaking
la	historia	n	history
	histórico/a	adj	historic
la	hoja de papel	n	sheet of paper
	¡Hola!		Hello!

la	hora	n	time

La hora

¿Qué hora es?	What time is it?
Es el mediodía.	It's midday.
Es la una.	It's one o'clock.
Es la una y media.	It's half past one.
Son las nueve.	It's nine o'clock.
Son las diez y veinticinco.	It's twenty five past ten.
Son las once menos cuarto.	It's quarter to eleven.

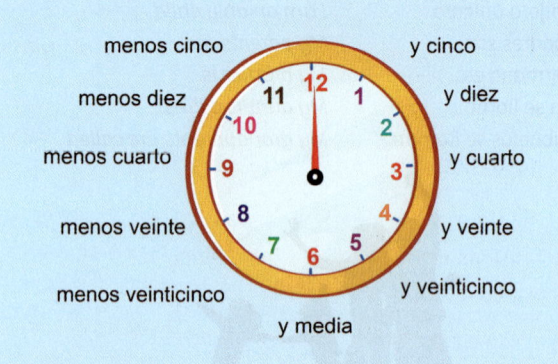

menos cinco — y cinco
menos diez — y diez
menos cuarto — y cuarto
menos veinte — y veinte
menos veinticinco — y veinticinco
y media

el	horario	n	timetable
	horrible	adj	horrible
el	hospital	n	hospital
el	hotel	n	hotel
	hoy	adv	today

152 ciento cincuenta y dos

Glosario

I

el	idioma	n	language
la	iglesia	n	church
no me	importa		it doesn't matter to me (from *importar*)
	impresionante	adj	impressive
	incluye...		include... (from *incluir*)
la	infanta	n	princess
	influenciar	v	to influence
la	informática	n	ICT
el	inglés	n	English
las	instalaciones	n pl	facilities
el	instituto	n	school
	inteligente	adj	intelligent
me	interesa		it interests me (from *interesar*)
	interesante	adj	interesting
	Internet	n	Internet
	inútil	adj	useless
el	invierno	n	winter

Las estaciones del año
la primavera — spring
el verano — summer
el otoño — autumn
el invierno — winter

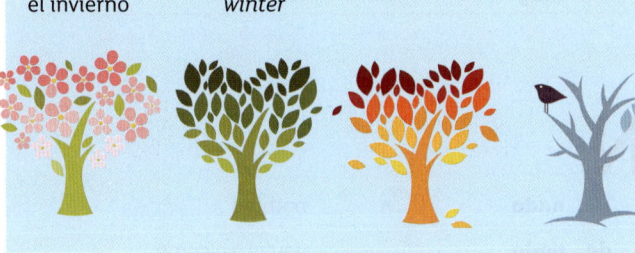

	ir	v	to go
la	isla	n	island
	Isla de Pascua	n	Easter Island
	Islas Baleares	n pl	Balearic Islands
	Islas Canarias	n pl	Canary Islands
	Islas Filipinas	n pl	Philippines
a la	izquierda		on the left

J

el	jardín	n	garden
la	jornada	n	day
	joven	adj	young
el	jueves	n	Thursday
el	judo	n	judo
el/la	jugador(a)	n	player
	jugar	v	to play
	julio	n	July
	junio	n	June

K

el	kilómetro	n	kilometre

L

el	laboratorio	n	laboratory
la	lámpara	n	lamp
el	lápiz	n	pencil
el	largo	n	length
	largo/a	adj	long
	lavar	v	to wash
	lee...		read... (from *leer*)
	leer	v	to read
	lejos	adv	far
la	lengua	n	language
	lento/a	adj	slow
la	letra	n	letter
	levantar	v	to raise, lift
	libre	adj	free
el	libro	n	book/textbook
	limpiar	v	to clean
	liso	adj	straight
la	lista	n	list
	llamarse	v	to be called

ciento cincuenta y tres 153

Glosario

	llover	v	to rain
la	lluvia	n	rain
el	logro	n	achievement
la	lucha libre	n	wrestling
	luego	adv	then
el	lugar	n	place
el	lugar de nacimiento	n	birthplace
	lujoso/a	adj	luxurious
	luminoso/a	adj	bright
el	lunes	n	Monday

M

la	madrastra	n	stepmother
la	madre	n	mother
	mal	adj/adv	bad/badly
	maleducado/a	adj	rude
las	manualidades	n pl	craft
el	mapa	n	map
el	mar	n	sea
	marrón	adj	brown
el	martes	n	Tuesday
	marzo	n	March
la	mascota	n	pet
las	matemáticas	n pl	maths
	mayo	n	May
	mayor	adj	older
y	media		half past
	mediano/a	adj	average height
	medir	v	to measure
	mejor	adj/adv	better
el/la	mejor		the best
	memorizar	v	to memorise
	menciona...		mention... (from *mencionar*)
	menor	adj	younger
	menos	adv	less
a	menudo	adv	often

al	mes		per month
el	mes	n	month
la	mesa	n	table
el	metro	n	metre
la	mezquita	n	mosque
	mido		I measure (from *medir*)
el	miembro	n	member
el	miércoles	n	Wednesday
	mira...		look at... (from *mirar*)
	mirar	v	to look, watch
	moderno/a	adj	modern
me	mola		I love
la	montaña	n	mountain(s)
	montar a caballo	v	to go horse riding
el	monumento	n	monument
	morado/a	adj	purple
el	móvil	n	mobile (phone)
	mucho/a	adj	a lot
los	muebles	n pl	furniture
el	mundo	n	world
	musculoso/a	adj	muscular
el	museo	n	museum
la	música	n	music
	muy	adv	very

N

	nada	n	nothing
de	nada		you're welcome
	nadar	v	to swim
	naranja	adj	orange
la	nariz	n	nose
la	natación	n	swimming
la	naturaleza	n	nature
	navegar por Internet	v	to surf the Internet
	negativo/a	adj	negative

154 ciento cincuenta y cuatro

Glosario

en	negrita	adj	in bold
	negro/a	adj	black
	nervioso/a	adj	nervous
	nevar	v	to snow
la	niebla	n	fog
	nieva		it's snowing (from *nevar*)
la	nieve	n	snow
el	nombre	n	name
el	noreste	n	north-east
el	noroeste	n	north-west
el	norte	n	north
	noviembre	n	November
	nuevo/a	adj	new
el	número de teléfono		
		n	telephone number
	nunca	adv	never

O

	o	conj	or
	obligatorio/a	adj	compulsory
	observar	v	to observe
	octubre	n	October
	odio		I hate (from *odiar*)
el	oeste	n	west
los	ojos	n pl	eyes
	ondulado	adj	wavy
la	opinión	n	opinion

Las opiniones

En mi opinión	*In my opinion*
Personalmente	*Personally*
😀 Me gusta…	*I like…*
😍 Me encanta…	*I love…*
😩 Me aburre…	*I'm bored by…*
Estoy de acuerdo.	*I agree.*
No estoy de acuerdo.	*I disagree.*
👍 Estoy a favor de…	*I am in favour of…*
👎 Estoy en contra de…	*I am against…*

la	oportunidad	n	opportunity
el	ordenador	n	computer
	ordenar	v	to tidy
	oscuro/a	adj	dark

P

el	padrastro	n	stepfather
el	padre	n	father
los	padres	n	parents
el	país	n	country
el	pájaro	n	bird
la	palabra	n	word
el	parque	n	park
el	parque de atracciones		
		n	theme park
el	párrafo	n	paragraph
	participar	v	to participate
el	partido	n	match
el	pasado	n	past
	pasar	v	to go past, spend (time)
los	pasatiempos	n pl	hobbies
	pasear	v	to walk
el	paseo	n	walk, stroll
el	pasillo	n	hall, corridor
la	paz	n	peace
las	pecas	n pl	freckles
el	peligro	n	danger
	peligroso/a	adj	dangerous
	pelirrojo	adj	ginger (hair)
el	pelo	n	hair
	peor	adj/adv	worse
el/la	peor		the worst
	pequeño/a	adj	small
	perezoso/a	adj	lazy
	pero	conj	but
el	perro	n	dog
la	personalidad	n	personality

ciento cincuenta y cinco **155**

Glosario

	Perú	n	Peru
el	pez	n	fish
la	piscina	n	swimming pool
el	piso	n	flat
el	plan	n	plan
	planchar	v	to iron
la	planta baja	n	ground floor
los	platos	n pl	plates/dishes
la	playa	n	beach
la	plaza	n	square
la	plaza de toros	n	bullring
	poco/a	adj, adv	little
un	poco		a bit
	poder	v	to be able to
	pon…		put… (from *poner*)
	poner	v	to put
	popular	adj	popular
	porque	conj	because
	positivo/a	adj	positive
el	póster	n	poster
	practica…		practise… (from *practicar*)
	práctico/a	adj	practical
la	preferencia	n	preference
	prefiero		I prefer (from *preferir*)
	pregunta…		ask… (from *preguntar*)
la	pregunta	n	question
	prepara…		prepare… (from *preparar*)
la	presentación	n	presentation
la	prima	n	cousin (female)
el/la	primero/a	n	the first
el	primo	n	cousin (male)
la	princesa	n	princess
	privado/a	adj	private
el/la	profesor(a)	n	teacher
el	programa	n	programme
el	pronóstico	n	forecast
	público/a	adj	public
el	pueblo	n	town

se	puede		you can (from *poder*)
los	puntos cardinales	n pl	compass points
	puntual	adj	punctual, on time

Q

	¿Qué hora es?		What time is it?
	¿Qué tal?		How are you?
	¿Qué tiempo hace?		What's the weather like?
la	química	n	chemistry

R

el/la	rapero/a	n	rapper
	rápido/a	adj	fast
el	rascacielos	n	skyscraper
los	rasgos físicos	n pl	physical features
el	ratón	n	mouse
	recorrer	v	to go across
el	recreo	n	break
todo	recto		straight on
el	recuadro	n	box
la	red	n	network, social network
la	región	n	region
la	regla	n	ruler
	regular	adj	so-so
la	reina	n	queen
	relajante	adj	relaxing
el/la	repartidor(a) de periódicos	n	paper delivery boy/girl
	repartir	v	to share, deliver
	repasar	v	to revise
	República Dominicana	n	Dominican Republic
	respetar	v	to respect
el	restaurante	n	restaurant
el	rey	n	king

Glosario

	rizado	adj	curly
	rojo/a	adj	red
la	ropa	n	clothes
	rosa	adj	pink
	rubio	adj	blond
el	rugby	n	rugby
el	ruido	n	noise
	ruidoso/a	adj	noisy
las	ruinas	n pl	ruins

S

el	sábado	n	Saturday
	saber	v	to know
el	sacapuntas	n	pencil sharpener
	sacar notas altas	v	to get high grades
la	sala de profesores	n	staff room
	salir	v	to go out
el	salón	n	living room
el	salón de actos	n	theatre
el/la	seguidor(a)	n	follower
	seguir	v	to follow/continue
el/la	segundo/a	n	the second
la	selección nacional	n	national team
	selecciona...		select... (from seleccionar)
el	semáforo	n	traffic light
la	semana	n	week
a la	semana		per week
	septiembre	n	September
	ser	v	to be
	sería		I/it would be (from ser)
la	serpiente	n	snake
el	servicio público	n	public service
	si	conj	if
	siempre	adv	always

	sigue...		continue... (from seguir)
el	silencio	n	silence
la	silla	n	chair
	similar a	adj	similar to
	simpático/a	adj	nice
	sin	prep	without
	sin embargo	conj	however
	sincero/a	adj	honest
el	sistema	n	system
el	sitio	n	site, place
	situarse en	v	to be located in
el	sol	n	sun
el	sondeo	n	survey
	subrayado/a	adj	underlined
	sucio/a	adj	dirty
	súper	adv	really
el	supermercado	n	supermarket
el	sur	n	south
el	sureste	n	south-east
el	suroeste	n	south-west

T

	talentoso/a	adj	talented
el	taller	n	workshop
	también	adv	also
	tan	adv	so
	tan... como		as... as
las	taquillas	n pl	lockers
las	tareas domésticas	n pl	household tasks/chores
más	tarde	adv	later
el	teatro	n	drama

ciento cincuenta y siete **157**

Glosario

la	tecnología	n	technology

La tecnología

chateo en el móvil	I chat on my phone
navego por Internet	I surf the Internet
el móvil	mobile phone
el portátil	laptop
el ordenador	computer
el mensaje	message
el email	email
el sitio web	website
las redes sociales	social networks
Su foto tiene muchos 'me gusta'.	His/her photo has a lot of likes.
Tiene un millón de seguidores.	He/she has a million followers.

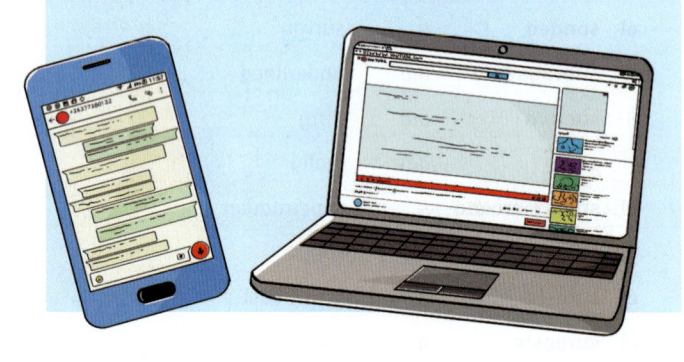

la	tele	n	TV
	tendría		I/it would have (from *tener*)
	tener	v	to have
	tenía		I used to have (from *tener*)
el	tenis	n	tennis
el/la	tercero/a	n	the third
	terrible	adj	terrible
el	texto	n	text
la	tía	n	aunt
el	tiempo	n	time/weather
la	tienda de ropa	n	clothes shop
las	tijeras	n	scissors
	tímido/a	adj	shy
el	tío	n	uncle
el	tipo	n	type
	todo/a	adj	all
sobre	todo	adv	above all, especially
	tolerante	adj	tolerant

	toma...		take... (from *tomar*)
	tomar	v	to take
	tonto/a	adj	silly
	torcer	v	to turn
la	tormenta	n	storm
	torpe	adj	clumsy
	trabajador(a)	adj	hard-working
	trabajar	v	to work

El trabajo

Me gustaría ser cantante.	I would like to be a singer.
Tengo la intención de...	I intend to...
Me gustaría trabajar...	I would like to work...
...a tiempo parcial.	...part time.
...con niños.	...with children.
...al aire libre.	...outdoors.
...en turismo.	...in tourism.

el	trabajo a tiempo parcial	n	part-time job
los	trabajos	n pl	jobs
	tradicional	adj	traditional
	traduce...		translate... (from *traducir*)
el	trampolín	n	diving board
	tranquilo/a	adj	quiet, peaceful

158 ciento cincuenta y ocho

Glosario

el	trastero	n	storage room
el	tren de vapor	n	steam train
	tuerce...		turn... (from *torcer*)
el	turismo	n	tourism

U

la	ubicación	n	location
	único/a	adj	unique
el	uniform	n	uniform
	usar	v	to use
	útil	adj	useful

V

las	vacaciones	n pl	holidays
	variado/a	adj	varied
la	variedad	n	variety
	vender	v	to sell
la	ventana	n	window
	ver	v	to see, watch
la	verdad	n	truth
	verdadero/a	adj	true
	verde	adj	green
a	veces	adv	sometimes
raras	veces	adv	rarely
la	vez	n	time
	viajar	v	to travel
el	viaje	n	trip
la	videoconsola	n	games console
	viejo/a	adj	old
el	viento	n	wind
el	viernes	n	Friday
la	visita	n	view (e.g. on YouTube)
	visitar	v	to visit
la	vista	n	view

	vivir	v	to live

La casa

¿Dónde vives?	Where do you live?
Vivo en...	I live in...
...una casa	...a house
...un apartamento	...a flat
...en el centro	...in the centre
...en las afueras	...in the suburbs
Es una ciudad industrial.	It's an industrial city.
Es un pueblo tranquilo.	It's a calm village.

el	voleibol	n	volleyball
el/la	voluntario/a	n	volunteer

Y

	y	conj	and
	yo		I
el	yoga	n	yoga

Z

la	zona	n	area

ciento cincuenta y nueve **159**

OXFORD
UNIVERSITY PRESS

Great Clarendon Street, Oxford, OX2 6DP, United Kingdom

Oxford University Press is a department of the University of Oxford. It furthers the University's objective of excellence in research, scholarship, and education by publishing worldwide. Oxford is a registered trade mark of Oxford University Press in the UK and in certain other countries.

© Oxford University Press 2018

The moral rights of the authors have been asserted.

First published in 2018

All rights reserved. No part of this publication may be reproduced, stored in a retrieval system, or transmitted, in any form or by any means, without the prior permission in writing of Oxford University Press, or as expressly permitted by law, by licence or under terms agreed with the appropriate reprographics rights organization. Enquiries concerning reproduction outside the scope of the above should be sent to the Rights Department, Oxford University Press, at the address above.

You must not circulate this work in any other form and you must impose this same condition on any acquirer.

British Library Cataloguing in Publication Data

Data available

978-019-842549-6

10 9 8 7 6

Paper used in the production of this book is a natural, recyclable product made from wood grown in sustainable forests.

The manufacturing process conforms to the environmental regulations of the country of origin.

Printed in India by Multivista Global Pvt. Ltd.

Acknowledgements

The publisher and authors would like to thank the following for permission to use photographs and other copyright material:

Cover: Hennie Haworth. All photos © Shutterstock, except: **p8(l):** Hollandse Hoogte/REX/Shutterstock; **p13:** THORTON/PICTURE PRESS EUR/SIPA/REX/Shutterstock; **p21(b):** Matthias Oesterle/Alamy Stock Photo; **p24:** Ian Walton/Getty Images; **p37(m):** Erik Pendzich/Rex/REX/Shutterstock; **p39:** Ballestero/Epa/REX/Shutterstock; **p41(b):** Walter Bieri/Epa/REX/Shutterstock; **p52(t):** Juanmonino/iStockphoto; **p52(mt):** fstop123/iStockphoto; **p55(l):** Joe Murphy/Getty Images; **p55(m):** Gallo Images/Getty Images; **p60(ml):** Aaron Davidson/WireImage/Getty Images; **p60(r):** Katch/REX/Shutterstock; **p61(t):** Mike Nelson/EPA-EFE/REX/Shutterstock; **p61(m):** John Salangsang/REX/Shutterstock; **p62(l):** Christian Vierig/Getty Images; **p63(l):** Martin Rose - FIFA/FIFA/Getty Images; **p63(r):** Scott Dudelson/Getty Images; **p64-65:** ChoochartSansong/iStockphoto; **p65(r):** Milan Kammermayer/EPA/REX/Shutterstock; **p83(t):** Mark Bassett/OUP; **p83(m):** Juanmonino/iStockphoto; **p87(c):** Pablo Blazquez Dominguez/Getty Images; **p91(r):** Marilyn Nieves/iStockphoto; **p103:** Chelsea Lauren/REX/Shutterstock; **p107:** a-plus image bank/Alamy Stock Photo; **p108(t):** © Plotnikov | Dreamstime.com; **p113(r):** jslsvg/iStockphoto; **p130(t):** bbsferrari/iStockphoto; **p130(m):** kensorrie/iStockphoto; **p130(b):** alxpin/iStockphoto; **p131(r):** ManuelGonzalezOlaecheaFranco/iStockphoto; **p131(b):** Tomacco/iStockphoto; **p136(r):** Directphoto Collection/Alamy Stock Photo.

Illustrations by QBS Media Services Inc.

p19 Antonio García Teijeiro, Editorial Xerais, for 'En un trozo de papel'; **p59** Marisol Perales © Editorial Verbum, S.L. for 'El señor invierno'; **p85** Julián Alonso for 'Las tareas de casa'; **p129** CEDMA, Diputación de Málaga for 'Mi colegio nuevo' by Apuleyo Soto Pajares.

Tony Weston would like to dearly thank Gillian, Haydn, Heidi and family for their amazing support, patience and understanding, as well as José and the Oxford MFL team for their passion and commitment to the project.

José Antonio García Sanchez would like to thank María del Carmen, Antonio and Rubén for their support and advice, as well as Tony for his guidance and great ideas.

Audio recordings produced by Colette Thomson for Footstep Productions Ltd; Andrew Garratt (sound engineer).

Every effort has been made to contact copyright holders of material reproduced in this book. Any omissions will be rectified in subsequent printings if notice is given to the publisher.

Links to third party websites are provided by Oxford University Press in good faith and for information only. Oxford University Press disclaims any responsibility for the materials contained in any third party website referenced in this work.